AF130844

SOFIA SIMON

SPIRITUELLE REISE NACH *Italien*

novum pro

Dieses Buch ist auch als
e-book
erhältlich.

w w w . n o v u m v e r l a g . c o m

Bibliografische Information der Deutschen Nationalbibliothek:

Die Deutsche Nationalbibliothek verzeichnet diese Publikation in der Deutschen Nationalbibliografie. Detaillierte bibliografische Daten sind im Internet über http://www.d-nb.de abrufbar.

© 2021 novum Verlag

ISBN 978-3-99107-734-3
Lektorat: Susanne Schilp
Umschlagfotos: Natalia Volkova, Kaiskynet, Konstantinos A, Jodiejohnson | Dreamstime.com; Sofia Simon
Umschlaggestaltung, Layout & Satz: novum Verlag
Innenabbildungen: Sofia Simon

Gedruckt in der Europäischen Union auf umweltfreundlichem, chlor- und säurefrei gebleichtem Papier.

www.novumverlag.com

Prolog

Ich wollte immer abenteuerlustige, spirituelle Reisen mit Menschen teilen, die viele dazu inspirieren können, eine längere Reise auf ähnliche Weise auf diesem wunderbaren und spirituellen Planet zu planen. Diese Reise und die manchmal chaotischen Situationen haben mir noch tiefere spirituelle Tore geöffnet. Ich möchte dieses Buch jedem empfehlen, der noch nicht in Italien war, und jedem, der bereits in Italien war. Besonders mit meinem Freundin, wir haben mehrmals geschmeckt Limoncello, Aperol Spritz, italienische Weine, Olivenöl, italienischer Käse, Schinken, Oliven, Pizza, Pasta und Salat. Ganz zu schweigen von den historischen Gebäuden, atemberaubenden Aussichten auf das Meer und die Berge. Die Leser können die Reise mit uns so genießen, wie wir sie erlebt haben, ohne dass wir Dinge schönen. Und sie können entscheiden, ob sie damit leben wollen oder nicht. Ich würde die Aufmerksamkeit darauf lenken, damit zu leben. Wir nutzen unseren freien Willen für positive Dinge. Glücklicherweise wachen immer mehr Menschen aus Schlaf und Hypnose auf.

1. Wien

Es ist 2020 und wie immer planen wir einen Urlaub in einem Küstenland. Die ständige Aggressionen, die sich durch die etablierte und kontrollierte Situation in Österreich, in dem ich derzeit lebe, entwickelt oder geprägt hat, war Gegenstand ernsthaften psychischen Terrors, der fast zur körperlicher Misshandlung gefolgt hatte und als Frau hatte ich es schwer mit. Da ich keine Nachrichten schaue oder lese, wurde mein Gehirn nicht von den beängstigenden Nachrichten weggespült, ich wusste nicht, was ich von den Maßnahmen halten sollte, die zu modernem Terror führen. Ich habe die Gefahr nicht wahrgenommen und bin als spirituelle Person immer positiv.

Bei mehreren Gelegenheiten wurde ich ohne jede Erklärung angegriffen, was ich völlig unnötig fand, und es schien in letzter Zeit egal, dass unschuldige Frauen von 3–4 Sicherheitsleuten wegen der angeblichen Gefahr angegriffen wurden. Ich war auch nicht mit dem angeblichen Virus infiziert, was mich überhaupt nicht überraschte. Eine nicht existierende Sache kann nicht gefährlich sein, also ist auch eine Maske überflüssig.

Also brauchte ich ein bisschen Abwechslung, und ich plante die Reise mit meinem Sohn. Wir beschlossen, in Italien Urlaub zu machen, wo die aktuelle Situation als die gefährlichste in Europa bezeichnet wurde. Zumindest nach den Nachrichten, die es gab.

Wir haben im Juni begonnen, die Preise für Hotels und Züge zu prüfen.

Im Juli kauften wir online Tickets für Busfahrten und für die Züge, die wir in Italien von einer Stadt zur anderen benutzen mussten.

Hotels wurden auf www.booking.com gebucht. Bustickets sind auf der Flixbus-Website und Bahntickets unter www.trenitalia.it erhältlich.

Und langsam kam der lang erwartete Tag, der Abend der Abreise.

Wir hatten alles im Voraus gepackt, wir hatten beide unseren eigenen Koffer voller Kleidung und allem, was wir für unseren Urlaub in einem warmen Land brauchen. Sonnencreme, ein Hut oder eine Kopfbedeckung gegen Sonnenbrand, ein Mückenalarm sollten nicht vergessen werden. Was mich wirklich dazu inspirierte, diese Reise zu wiederholen, war eine schöne Erinnerung. Vor 3 Jahren hatte ich mit meinem Freund eine der schönsten Reisen meines Lebens erlebt. Alles, was wir durchgemacht hatten, inspirierte mich, wieder auf diese Tour zu gehen.

Uns beide haben diese zwei Wochen in Italien tief geprägt. Ich habe jetzt eine ähnliche Route gewählt, mit geringfügigen Änderungen.

2. Venedig, Italien

Obwohl einige unserer Bekannten sagten, wir sollten nicht fahren wir fuhren.

Nach Italien? Dort war die Infektion und Mortalität mit dem Covid-Virus am höchsten in Europa, aber da ich nicht auf Leute höre, die nicht denken, die auf Nachrichten hören und nur an die Nachrichten glauben, sind wir trotzdem gefahren Ich beschloss, zu packen und nach Italien zu fahren. Wir organisierten eine Kreuzfahrt. Ich war bereits entschlossen, als die glorreichen falschen Nachrichten wüteten. Eine solche Reise erfordert eine genaue Planung.

Wien–Venedig–Bologna–Pisa–Rom–Neapel–Pompeji–Positano–Neapel–Venedig–Wien. Wir waren sehr positiv und wir waren zusammen, also lief alles gut. Wir planten kleinere Transfers mit dem Zug. Wir sind mit einem guten Gefühl losgefahren.

Wir buchten einen Nachtbus, billiger und weniger Passagiere. Wir könnten bequem im Bus schlafen. Das Ticket kostete 20 Euro pro Person von Wien nach Venedig. Dies ist ein sehr guter Preis. Unser Bus fuhr um 0:40 Uhr vom Bahnhof Wien-Erdberg ab. Wir hatten eine ruhige Nacht, wir konnten uns auch im Bus entspannen. Wir waren sehr aufgeregt, weil wir nicht wussten, welche Situation auf uns wartete, ich meine, in Bezug auf Einschränkungen. Als spirituelle Person betete und meditierte ich vor der Reise viel mehr als normalerweise um sicherzustellen, dass während der gesamten Reise alles gut läuft.

Spiritualität bedeutet natürlich auch, dass ich keine negativen Artikel lese, keine negativen Nachrichten. Es bedeutet auch, dass ich über nichts Negatives nachdenke und ich glaube nicht allen Informationen, die ich bekomme.

Von Venedig-Mestre mussten wir mit dem Zug zu unserer Unterkunft fahren, dem Bahnhof S. Lucia. Dort mussten wir wie überall wieder sinnloserweise eine Maske aufsetzen. Ich versuche, die Angst der Menschen zu zerstreuen. Es gibt wirklich keinen Grund zur Angst, alles wird besser mit Meditation, Gebet und spiritueller Entwicklung. Die Menschheit würde diese 3 Dinge mehr brauchen. Jeder Mensch muss geweckt werden, Schlafende und auch Schlafwandler.

Ich habe auf unserer Reise bisher keine kranken Menschen getroffen und wenn es keine Patienten gibt, wo ist das Virus? Um 11 Uhr kamen wir am Bahnhof S. Lucia in Venedig an und diese Stadt bietet eine wirklich wundervolle Aussicht. Am Bahnhof kontrollierten einige Leute die Temperatur,

jedenfalls finde ich das auch unnötig, denn wenn jemand Fieber hat, kann er nicht auf die Straße gehen. Als Krankenschwester und Mutter habe ich ein paar Fieberpatienten gesehen. Aber mein Immunsystem ist ziemlich gut.

Die Aktion war frei von Aggressionen, wir haben einen Schal benutzt und der wurde akzeptiert. Es gab keine Unordnung oder Schlägerei. Es bestand keine Verpflichtung, auf dem Bahnsteig ein Schutztuch zu tragen, nur in den Fahrzeugen. Wir haben uns um 14 Uhr im Hotel eingecheckt und sind zu Fuß in die Stadt gegangen.

Kanäle, Hotels, Gondeln, Restaurants, Eisdielen, Boote und Geschäfte. Und am 19. August gab es viel Sonnenschein. Das ist Venedig.

Leckeres Eis darf in Italien nicht fehlen. Wir haben eins gegessen, glutenfreies, weil ich meine Diät befolge. In Italien ist es leicht, glutenfreies Essen zu finden. Glutenfreie Pizzen, Nudeln, Eis und Nachspeisen. Es gibt auch eine große Auswahl in Restaurants und Geschäften. Salate, Meeresfrüchte, Aperol Spritz und Weine. Alles, was Sie lieben, finden Sie in Italien. Kleine enge Gassen sind in italienischen Städten nicht zu übersehen, besonders nicht in Venedig.

Diese Stadt ist angenehm, so angenehm, dass wir am Ende unserer Reise für 2 Tage zurückkommen würden. Wir sind jetzt nur für einen Tag gekommen, wir fahren morgen weiter nach Bologna.

Wir haben das italienische Temperament übernommen und bedanken uns auch überall mit „Grazie". Heute haben wir den Markusdom und die ganze Stadt gesehen. Wir besuchten die Drehorte der berühmten Filme.

Der Markusdom, wo die Tempelszene von Indiana Jones gedreht wurde. Wir gingen viel über Treppen und kleine Brücken.

Abends waren wir sehr müde, als wir zu unserer Unterkunft zurückkehrten und aßen mehr Obst zum Abendessen.

Am 20. August, dem wunderbar warmen Morgen, warteten wir auf das Frühstück, wir mussten um 9:40 Uhr runter. Bis dahin machten wir uns fertig und tranken das Frühstück-Smoothie, das ich immer mache, wo immer ich bin.

2–3 Bananen, 1 Orange, Mango oder Avocado und Gewürze: Detox-Gewürzmischung, Koriander, Kurkuma.

Das Personal war nett, trotz des großen Stresses. Ich habe das Frühstück wirklich genossen.

Sie bedienten uns wie in einem Restaurant. Ich lasse absichtlich negative Dinge weg, ich bin eine positive Person, meine Gedanken und mein Leben sind auch positiv.

Ich betete für die Italiener, dass auch sie sich auf den Weg zum spirituellen Erwachen machen würden. Ich vertraue darauf, dass die Engel ihnen dabei helfen.

Das Frühstück war köstlich, trotz allem blieb ich positiv und liebevoll. Zusammenfassend hatten wir eine tolle Zeit in Venedig.

Ich bete dafür, dass die Menschheit unablässig und weltweit erweckt wird. Es gibt noch viel zu tun. Wir haben eine wundervolle Welt, wage es, zu reisen und den Menschen näher zu kommen. Das Kennenlernen anderer Kulturen und Nationen hilft beim Zusammenleben.

Folge nicht den Leuten, aber höre auf ihre wahren Lehren, nicht auf sein Volk. Dazu müssen sie natürlich die wahren Worte finden, die verborgen sind. Hab keine Angst, denn Gott ist mit uns. Unsere Gedanken erschaffen, ob Sie es glauben oder nicht. Vor einigen Jahren reisten wir mit meinem Freund und fuhren abends 45 Minuten lang allein mit einem großen Boot durch Venedig. Es war wunderbar, allein die schönen Abendlichter von Venedig genießen zu können, und die Reise war noch aufregender.

Venedig (Venezia) ist eine Stadt im Nordosten Italiens und die Hauptstadt der Region Venetien. Es befindet sich auf einer Gruppe von 118 kleinen Inseln, die durch Kanäle getrennt und durch über 400 Brücken verbunden sind. Die Inseln befinden sich in der flachen Lagune von Venedig, einer geschlossenen Bucht, die zwischen den Mündungen der Flüsse Po,Piave,Brenta und Sile liegt. Zusammen mit Padua und Treviso gehört die Stadt zur statistischen Metropolregion Padua–Treviso–Venedig. Der Name leitet sich von den alten Venezianern ab, die im 10. Jahrhundert v. Chr. in der Region lebten. Die Stadt war von 697 bis 1797 ein Jahrtausend lang und länger die Hauptstadt der Republik Venedig. Sie war während dieser Zeit eine bedeutende Finanz- und Seemacht des Mittelalters und der Renaissance, ein Schauplatz für die Kreuzzüge und die Schlacht von Lepanto sowie ein wichtiges Handelszentrum – insbesondere für Seide, Getreide und Gewürze – und Kunstmetropole vom 13. Jahrhundert bis zum Ende des 17. Jahrhunderts. Der Stadtstaat Venedig gilt als das erste echte internationale Finanzzentrum, das im 9. Jahrhundert entstand und im 14. Jahrhundert seine größte Bedeutung erlangte. Nach den Napoleonischen Kriegen und dem Wiener Kongress wurde die Republik vom österreichischen Reich annektiert, bis sie 1866 nach einem Referendum infolge des dritten italienischen Unabhängigkeitskrieges Teil des Königreichs Italien wurde.

Venedig ist bekannt als „Stadt der Masken", „Stadt der Brücken", die „Schwimmende Stadt" und „Stadt der Kanäle". Venedig ist bekannt für mehrere wichtige künstlerische Bewegungen – insbesondere während der Renaissance –, es hat eine wichtige Rolle in der Geschichte der symphonischen Musik und Opernmusik gespielt und ist der Geburtsort von Antonio Vivaldi. Venedig ist ein wichtiges Ziel für Touristen, die seine berühmte Kunst und Architektur sehen möchten. Sein wunderschönes Stadtbild, seine Einzigartigkeit und sein reiches musikalisches und künstlerisches Kulturerbe. In den 1980er-Jahren wurde der Karneval von Venedig wiederbelebt und die Stadt hat sich zu einem wichtigen Zentrum internationaler Konferenzen und Festivals entwickelt, wie die renommierte Biennale von Venedig und die Filmfestspiele von Venedig, die Besucher aus aller Welt mit ihren Theater-, Kultur-, Film-, Kunst- und Musikproduktionen anziehen. In Venedig gibt es zahlreiche Sehenswürdigkeiten wie den Markusdom, den Dogenpalast, den Canal Grande und den Markusplatz. Der Lido di Venezia ist auch ein beliebtes internationales Luxusziel, das Tausende von Schauspielern, Kritikern, Prominenten und anderen in der Filmindustrie anzieht.

Piazza San Marco

Der Markusplatz, der auf Englisch oft alsSt.Mark's Square bekannt ist, ist der wichtigste öffentliche Platz in Venedig, wo er allgemein als La Piazza bekannt ist. Alle anderen städtischen Räume außer der Piazzetta und der Piazzale Roma) werden Campi genannt. Die Piazzetta ist eine Erweiterung der Piazza in Richtung San Marco in ihrer südöstlichen Ecke. Die beiden Räume bilden zusammen das soziale, religiöse und politische Zentrum Venedigs und werden gemeinsam betrachtet. Dieser Artikel bezieht sich auf beide.

Der Platz wird an seinem östlichen Ende von der Markuskirche dominiert. Es wird hier durch eine Tour beschrieben, die von der Westfront der Kirche ausgeht und nach rechts verläuft.

Die Kirche wird im Artikel „Markuskirche" beschrieben, aber es gibt Aspekte, die Teil der hier erwähnten Piazza sind, einschließlich der gesamten Westfassade mit ihren großen Bögen und Marmordekorationen.

Die Piazzetta di San Marco ist streng genommen kein Teil der Piazza, sondern ein angrenzender offener Raum, der die Südseite der Piazza mit der Wasserstraße der Lagune verbindet. Die Piazzetta liegt zwischen dem Dogenpalast im Osten und der Biblioteca von Jacopo Sansovino, der sich im Westen die Biblioteca Marciana befindet.

Westenseite beginnt an der Ecke in der Nähe des Glockenturms, wo wir die Piazza verlassen haben. Auf dieser Seite befindet sich ausschließlich die Biblioteca, die Jacopo Sansovino für die Biblioteca Marciana (Bibliothek von St. Mark) entworfen hat. Der Bau begann 1537 und wurde, nach dem Tod von Sansovino, von Vincenzo Scamozzi in den Jahren 1588–91 erweitert. Das Gebäude wurde von Palladio als „das prächtigste und reich verzierteste Bauwerk seit der Antike" bezeichnet. Die Arkade setzt sich bis zum Ende des Gebäudes mit Cafés und Geschäften sowie den Eingängen zum Archäologischen Museum, der Biblioteca Marciana und der Nationalbibliothek fort, die die oberen Stockwerke einnehmen.

Markusdom

Die Patriarchalische Kathedrale des Heiligen Markus (Basilika Cattedrale Patriarcale di San Marco), allgemein bekannt als Markusbasilika (Basilica di San Marco), ist die Domkirche der römisch-katholischen Erzdiözese Venedig Sie ist die berühmteste Kirche der Stadt und eines der bekanntesten Beispiele italienisch-byzantinischer Architektur. Sie liegt am östlichen Ende des Markusplatzes, angrenzend an den Dogenpalast und mit diesem verbunden.

Ursprünglich war sie die Kapelle des Dogen und erst seit 1807 die Kathedrale der Stadt, als sie Sitz des Patriarchen von Venedig, Erzbischof der römisch-katholischen Erzdiözese Venedig, früher in San Pietro di Castello, wurde.

Pferde von Heilige Mark-Lysippos Die Replikpferde

Die Pferde des Heiligen Markus wurden um 1254 auf dem Balkon über dem Portal der Basilika aufgestellt. Sie stammen aus der Antike, obwohl ihr Entstehungsdatum noch umstritten ist, und vermutlich waren sie ursprünglich das Gespann, das einen Quadriga-Streitwagen zog, der wahrscheinlich einen Kaiser enthielt. Nach einigen Berichten schmückten die Pferde einst den Bogen von Trajan.

Dogenpalast

Der Dogenpalast (Palazzo Ducale) ist ein Palast im venezianischen Gotikstil und eines der wichtigsten Wahrzeichen der Stadt Venedig. Der Palast war die Residenz des Dogen von Venedig, der obersten Autorität der ehemaligen venezianischen Republik. Er wurde 1340 gebaut und in den folgenden Jahrhunderten erweitert und modifiziert. Er wurde 1923 ein Museum und ist eines der 11 Museen der Fondazione Musei Civici di Venezia.

Museo dell'Opera

Im Laufe der Jahrhunderte wurde der Dogenpalast unzählige Male umstrukturiert und restauriert. Aufgrund von Bränden, strukturellen Fehlern und Infiltrationen sowie neuen organisatorischen Anforderungen und Änderungen oder einer vollständigen Überholung der Ziergegenstände gab es kaum einen Moment, in dem im Gebäude keine Arbeiten durchgeführt wurden. Ab dem Mittelalter befanden sich die Instandhaltungs- und Konservierungsaktivitäten in den Händen eines „technischen Büros", das für alle derartigen Operationen zuständig war und die Arbeiter und ihre Standorte beaufsichtigte: die Oper oder Fabbriceria oder die Staatsanwaltschaft.

Canal Grande

Der Canal Grande ist ein Kanal in Venedig. Er bildet einen der wichtigsten Wasserverkehrskorridore der Stadt.

Ein Ende des Kanals führt in die Lagune in der Nähe des Bahnhofs Santa Lucia und das andere Ende in das Becken von San Marco. Dazwischen windet er sich in einer große umgekehrte S-Form durch die zentralen Bezirke von Venedig.

Rialtobrücke

Die Rialtobrücke (Ponte di Rialto) ist die älteste der vier Brücken über den Canal Grande in Venedig.

Sie verbindet die Stadtteile San Marco und San Polo und wurde seit ihrem ersten Bau als Pontonbrücke im Jahr 1173 mehrmals umgebaut. Heute ist sie eine bedeutende Touristenattraktion der Stadt. Die Idee, die Brücke in Stein wieder aufzubauen, wurde erstmals 1503 vorgeschlagen. 1551 forderten die Behörden unter anderem Vorschläge für die Erneuerung der Rialtobrücke an. Pläne wurden von berühmten Architekten wie Jacopo Sansovino, Palladio und Vignola angeboten, aber alle beinhalteten einen klassischen Ansatz mit mehreren Bögen, der für die Situation als unangemessen beurteilt wurde. Michelangelo galt auch als Designer der Brücke.

Die heutige Steinbrücke, eine einzelne Spannweite, die von Antonio da Ponte entworfen wurde, wurde 1588 gebaut und 1591 fertiggestellt.

Bahnhof Santa Lucia

Stazione di Venezia Santa Lucia ist der Hauptbahnhof von Venedig. Er ist eine Endstation und befindet sich am nördlichen Rand der historischen Stadt Venedigs. Der Bahnhof ist einer der beiden wichtigsten Bahnhöfe Venedigs. Die andere ist Venezia Mestre, eine Hauptstation auf dem venezianischen Festlandviertel Mestre. Die Stationen Santa Lucia und Mestre werden von Grandi Stazioni verwaltet und sind durch die Ponte della Libertà (Freiheitsbrücke) miteinander verbunden.

Lido di Venezia

Die Lido-Insel ist eine der beiden Barriereinseln der Lagune von Venedig, die andere ist Pellestrina. Sie bilden den zentralen Teil der Küste der Lagune an der Adria. Das Strandbad ist eine lange und schmale Insel, die im nördlichen Teil breiter wird. Mindestens die Hälfte der Seeküste hat Sandstrände. Ein Großteil des Strandes in der Stadt Lido gehört verschiedenen Hotels. Es gibt große öffentliche Strände am nördlichen und südlichen Ende.

Freiheitsbrücke

Die Ponte della Libertà (Freiheitsbrücke) ist eine Straßenbrücke, die die Inseln, die das historische Zentrum der Stadt Venedig bilden, mit dem Festlandteil der Stadt verbindet.

Unsere Unterkunft für 1 Nacht mit Frühstück für 2 Personen kostete 39,60 Euro.

3. Bologna

Wir waren aus unserem Hotel in Venedig gekommen und danken den Angestellten für ihre Freundlichkeit und den angenehmen Service, den sie uns geboten haben.

Wir haben eine Fahrkarte vom Bahnhof S. Lucia nach Venedig Mestre gekauft (1,30 Euro pro Person), von wo aus unser Zug nach Bologna fährt.

Unser Zug hielt an den Bahnhöfen Venedig/Mestre–Padova–Abano–Monselice–Rovigo–Ferrara–Bologna.

Im Zug überprüfte der Führer nur, ob sich etwas vor unserem Gesicht befand. Er überprüfte unser Ticket nicht. Wir kamen in Bologna an, ich war zum ersten Mal hier. Es ist eine einfache, aber schöne Stadt.

Wir brachten unser Gepäck in unsere Unterkunft, wir waren fertig, wir zogen uns um und suchten ein Restaurant. Das ist immer einfach, in Italien gibt es viele glutenfreie Optionen. Dies gilt auch für Bologna. Wir fanden das beste Restaurant in Bologna, wo alles glutenfrei ist. Also haben wir beide leckere Lasagne gegessen.

Wir gingen durch die Stadt, setzten uns auf den Hauptplatz, wo ein großer Projektor stand, man bereitete sich auf etwas vor. Die Stadt Bologna, die Menschen und ihre Umgebung sind ruhig. Wir gingen zurück zu unserer Unterkunft und ruhten uns aus. Da ich jeden Abend und Morgen meditiere, machte ich es auch hier.

Wir wachten früh morgens auf, wir warteten schon auf unsere Reise nach Pisa gewartet ... Um 7:55 Uhr meditierte ich in meinem Bett, als ich ein Zittern spürte, dachte ich, es sei ein schwaches Erdbeben.

Wir bekamen auch Frühstück, Croissant und Kaffee. Das Croissant war nicht glutenfrei, also habe ich es nicht gegessen, ich habe es meinem Sohn gegeben. Er war sehr glücklich, das köstliche italienische Frühstück zu essen – auch auf die Reisen. Am besten ist, dass der Zug in Italien sehr günstig ist. Wir reisten von Bologna nach Pisa für 15 Euro pro Person.

Bologna ist die Hauptstadt und größte Stadt der Region Emilia-Romagna in Norditalien. Ursprünglich etruskisch, ist die Stadt seit Jahrhunderten eines der wichtigsten städtischen Zentren. Bologna ist berühmt für seine Türme, Kirchen und langen Säulengänge und verfügt über ein gut erhaltenes historisches Zentrum. Die Stadt beherbegt die älteste Universität der Welt, die Universität von Bologna. Sie hat eine große Studentenbevölkerung, die ihr einen kosmopolitischen Charakter verleiht.

Bologna ist ein wichtiger Knotenpunkt für Landwirtschaft, Industrie, Finanzen und Verkehr, in dem viele große Maschinenbau-, Elektronik- und Lebensmittelunternehmen ihren Hauptsitz haben. Außerdem ist die Stadt der Standort für der größten permanenten Messen in Europa. Nach den jüngsten Daten des Europäischen Index für regionales Wirtschaftswachstum von 2009 ist Bologna die erste italienische Stadt und die 47. europäische Stadt in Bezug auf das Wirtschaftswachstum.

Infolgedessen ist Bologna auch eine der reichsten Städte Italiens.

Die Basilika San Petronio

Sie ist eine kleine Basilika und Kirche der Erzdiözese Bologna. Sie dominiert die Piazza Maggiore. Die Basilika ist dem Schutzpatron der Stadt, dem Heiligen Petronius, gewidmet, der im 5. Jahrhundert Bischof von Bologna war. Der Bau begann 1390 und die Hauptfassade ist unvollendet geblieben. Das Gebäude wurde 1929 von der Stadt in die Diözese verlegt; die Basilika wurde schließlich 1954 geweiht. Sie ist erst seit 2000 Sitz der Reliquien des Schutzheiligen von Bologna. Bis dahin wurden sie in der Bologna-Kirche Santo Stefano aufbewahrt.

Universität Bologna

Die Universität von Bologna ist eine Forschungsuniversität.

Sie wurde 1088 von einer organisierten Gilde von Studenten gegründet und ist die älteste Universität der Welt sowie eine der führenden akademischen Institutionen in Italien und Europa.

Sie ist eine der renommiertesten italienischen Universitäten, die sowohl als Ganzes als auch für einzelne Fächer an erster Stelle der nationalen, europäischen und internationalen Ranglisten steht. Es war der erste Studienort, an dem der Begriff „Universitäten" für Unternehmen von Studenten und Meistern verwendet wurde, um die Institution (insbesondere die berühmte juristische Fakultät) in Bologna zu definieren. Das Emblem der Universität trägt das Motto „Alma mater studiorum" und das Datum 1088 n. Chr. Es gibt ungefähr 86500 Studenten in den 11 Fachrichtungen. Es gibt Standorte in Cesena, Forlì, Ravenna und Rimini und ein Zweigstellenzentrum im Ausland in Buenos Aires, Argentinien.die Universität hat auch eine Exzellenzschule namens Collegio Superiore di Bologna. Ein Mitherausgeber der Universität Bologna ist die Bononia University Press.

Die Universität von Bologna nahm die erste Frau auf, die einen Universitätsabschluss machte und an einer Universität lehrte, Bettisia Gozzadini, und die erste Frau, die in Naturwissenschaften promovierte und eine Anstellung als Universitätsprofessorin, erhielt, Laura Bassi.

Der Neptunbrunnen

Der Neptunbrunnen (Fontana di Nettuno) ist ein monumentaler Bürgerbrunnen auf dem gleichnamigen Platz Piazza del Nettuno neben der Piazza Maggiore in Bologna. Der Brunnen ist ein Musterbeispiel für den manieristischen Geschmack der italienischen höfischen Elite Mitte des 16. Jahrhunderts. Der Dreizack der Statue des Neptun inspirierte die Brüder Maserati, sie verwendeten ihn als Emblem für ihr erstes Auto, den Maserati Tipo 26. Das Logo wurde 1920 von einem der Brüder, Mario Maserati, auf Vorschlag eines Freundes der Familie realisiert, Marquis Diego de Sterlich. Es ist noch heute das Logo der Maserati Car Company. Der Brunnen und seine Skulptur gehören zu den bekanntesten Wahrzeichen der Stadt. In vielen Symbolen, Werbespots und Logos finden sich Hinweise darauf. Dazu gehört die historische Studentenbruderschaft (Goliardia) „Excelsa Neptuni Balla", auf deren Emblem zwei Dreizacke abgebildet sind.

Madonna di San Luca

Das Heiligtum der Madonna von San Luca ist eine Basilikakirche in Bologna auf einem bewaldeten Hügel, Colle oder Monte della Guardia, südwestlich des historischen Stadtzentrums.

Heute führt eine Strasse zum heiligtum, das 1674–1793 erbaut wurde. Sie sollte die Ikone schützen, als sie den Hügel hinaufgebracht wurde. Auf diesem Weg gibt es eine jährliche Prozession von der Kathedrale San Pietro im Zentrum von Bologna zum Heiligtum. Ursprünglich enthielten die Bögen Ikonen oder Kapellen, die von der Schutzfamilie errichtet wurden.

Zwei Türme

Die beiden Türme (Le due torri), beide geneigt, sind das Symbol von Bologna und die bekanntesten der Türme. Sie befinden sich an der Kreuzung der Straßen, die zu den fünf Toren der alten Ringmauer führen. Der größere heißt Asinelli, während der kleinere, aber schiefere Turm Garisenda heißt. Ihre Namen leiten sich von den Familien ab, denen traditionell zugeschrieben wird, dass sie sie zwischen 1109 und 1119 erbauen ließen. Ihre Konstruktion war ein Wettbewerb zwischen den beiden Familien, um zu zeigen, welche die mächtigere war.

Die Knappheit an Dokumenten aus dieser frühen Zeit lässt jedoch Zweifel an der Geschichte aufkommen. Der Name der Familie Asinelli zum Beispiel wird zum ersten Mal tatsächlich erst 1185 dokumentiert.

4. Pisa

Heute morgen um 10 Uhr haben wir die Schlüssel übergeben und unsere Unterkunft verlassen. Um 12:08 Uhr fährt unser Zug mit 2 Transfers weiter nach Pisa. Wir sind ein bisschen aufgeregt, weil wir wenig Zeit für den ersten Umstieg haben werden.

Ich mochte die Stadt Bologna auch wegen ihrer Ruhe und Einfachheit.

Wir kamen an und stiegen in den Zug, der auf halbem Weg durch Prato Centrale abfuhr. Wir reisen durch sehr schöne Landschaften, ich liebe es, die Olivenbäume und Weinberge anzuschauen.

Wir halten in Mazzini, S. Ruffilo, Rastignano, Musiano, P. Macina, Pianoro, Monzuno-Vado, Grizzana, S. Benedetto, Vernio, Vaiano.

Mir hat gefallen, dass wir ohne Aggression reisen konnten, das ist heutzutage ein großer Wert. Der einfachste Weg, mit Mutter Erde zu sprechen, ist durch Meditation und Teilnahme an der Natur.

Reisen, spazieren gehen, am Strand oder irgendwo ohne Schuhe spazieren zu gehen und eins mit der Erde zu werden.

Indem wir unsere Schwingungen erhöhen, wird sich unser Planet auch besser anfühlen, jetzt fühlt er sich nicht so gut an, wie er könnte.

Wir haben grenzenlose Möglichkeiten, wir wissen es einfach nicht. Wir nutzen unsere spirituellen Stärken und Fähigkeiten nicht für das,für das wir sie nutzen könnten. Geben Sie es an andere weiter, egal wie viel Sie wissen, wo Sie sich befinden, um sich zu bewegen. Während unserer Reise läuft alles in bester Reihenfolge. Gebete und Meditationen wirken sich auf unser Leben aus.

Seien wir offen für Spiritualität, spirituelle Lehren, mit denen sich die Menschheit individuell und gemeinsam entwickeln kann.

Pünktlich, erreichten wir unseren Zug von Florenz nach Pisa. Wir hielten an kleinen Bahnhöfen, kleinen Städten: Signa, Empoli, S. Romano, S. Croce, Pontedera. Diese kleinen italienischen Städte geben mir sehr viel.

Ich war schon einmal in Pisa,aber ich bin immer noch aufgeregt wie zum ersten mal.Ich freue mich darauf, den Schiefen Turm von Pisa, die Kathedrale und die Stadt zu sehen.

Wir kamen in der ruhigen Stadt Pisa an und buchten ein Zimmer in der Nähe des Bahnhofs, das 80 Euro für 2 Nächte für 2 Personen kostet.

Zum Frühstück kauften wir Obst im Laden und machten Smoothies. Wir fanden ein sehr schönes, kleines, glutenfreies Restaurant, 5 Minuten zu Fuß von unserer Unterkunft entfernt, und aßen einen köstlichen Salat mit Pizza.

Ich bestellte auch feinen toskanischen Weißwein.

Der Besitzer war so nett, er öffnete er öffnete für uns eine neue Flasche zum Verkosten.

Nach dem Mittagessen haben wir uns die Schaufenster angesehen, es gibt viele davon, aber leider sind wir nicht reingegangen, weil wir eine Maske hätten tragen müssen. Ich finde Verkleidung bedeutungslos. Es gibt keinen wirklichen Schutz. Wirklicher Schutz ist, wenn wir unseren Lebensstil und unsere Essgewohnheiten ändern. Der tägliche Verzehr von frischem Obst und Gemüse ist unerlässlich. Fleischfreies Leben, viel Flüssigkeit, 3 Liter Wasser pro Tag, Entgiftung, Reinigung, Meditation, Gebet, Yoga und andere Übungen, die helfen, keine Krankheit zu bekommen. Diese Dinge helfen gesund zu bleiben,aber die Maske nicht. Ich bin für die Wahrheit und schreibe sie den Menschen auf. Der Aperol Spritz hier kostet 4 Euro. Wir gingen bald zur Ruhe. Am nächsten Morgen sahen wir uns die Altstadt an. Am nächsten Tag erwachten wir zu einem wunderschönen, sonnigen Tag, wie immer, wenn wir in Italien Urlaub machen. Wir gingen in die Altstadt, während wir in einem nahe gelegenen kleinen Café köstlichen italienischen Cappuccino tranken. Hier habe ich den leckersten Cappuccino getrunken.

Dieser Teil heißt Porta a Lucca. Es ist wunderbar am Morgen in Pisa, Sie können hier wirklich glücklich sein. Ich liebe es, dass es so heiß ist und alte Gebäude und Teile der Stadt zu sehen sind.

Cappuccino ist hier in Italien wirklich einen Besuch wert, der Sonnenschein, die Wärme und die schönen Teile der Stadt sind wirklich idyllisch mit Cappuccino. Die Italiener wissen, wie man es macht.

Wir gingen von Porta a Lucca zum Schiefen Turm von Pisa. Ich mag die historischen Gebäude sehr und lerne neues über die alten Orte.

Dinge, die Sie bei einem Besuch in Italien sehen sollten: Lupa Capitolina, Piazza dei Miracoli, Baptisterium, Löwentor, Porta Nuova, Turm von Pisa.

Wir waren auf der Suche nach einem schönen Ort zum Mittagessen und konnten leicht ein glutenfreies Restaurant finden. Ich trank köstlichen toskanischen Weißwein, aß Insalata Greca und teilte mit meinem Sohn eine glutenfreie, vegetarische Pizza, weil sie riesig war. Mein Sohn bestellte Risotto ai Funghi zum Essen. In unserer Unterkunft gab es eine Küche und ein Esszimmer mit Kühlschrank.

Frühstück würde in der Unterkunft zubereitet. Die toskanischen Trauben sind wirklich sehr lecker, ich habe sie zum Frühstück mit den anderen Früchten gekauft. Am späten Nachmittag gingen wir wieder zum Schiefen Turm und hatten eine noch schönere Aussicht. Wir dachten,

die Touristen, die wir dieses Jahr in Italien gesehen haben, sind etwas anders als gewöhnlich. 90 Prozent von ihnen sind Italianer,der rest Ungarn,Engländer,Franzosen,Amerikaner,Brasilianer,Deutsche und Asiaten.Es gibt sehr wenige Touristen. Wahrscheinlich wegen der Nachrichten wagten die Leute nicht, hierherzukommen. Ich begann in meiner großen Betrachtung darüber nachzudenken, wie es Menschen möglich ist, alles ohne darüber nachzudenken zu essen. Mir wurde klar, dass die Mehrheit nicht denken kann und ich muss es alleine tun.

Ich habe auf meiner Reise sehr positive Menschen getroffen, wirklich spirituelle Menschen, die sehr offen sind und es freut mich, spirituelle Menschen zusammen zu sehen. Je mehr Menschen mit offenem Herzen und offenem Verstand Gott braucht, desto immer mehr Menschen werden spirituell. In meiner unmittelbaren Umgebung kenne ich zum Beispiel zwei kleine Kinder, die auf hohem Niveau geboren wurden und wahrscheinlich hierhergekommen sind, um zu unterrichten.

Dies liegt daran, dass Gott möchte, dass wir uns geistig entwickeln. Wir können die nächsten Stufen unserer Entwicklung durch spirituelle Ebenen erreichen.

Am nächsten Morgen tranken wir Smoothies und machten Sandwiches (für mich mit glutenfreien Brötchen) für die Reise, in die ich köstlichen italienischen Käse, toskanische Tomaten, Paprika und Trauben legte.

Pisa ist eine Stadt und Gemeinde in der Toskana, die den Arno durchfließt, kurz bevor er ins Ligurische Meer mündet. Sie ist die

Hauptstadt der Provinz Pisa. Obwohl Pisa weltweit für seinen schiefen Turm bekannt ist, gibt es mehr als 20 weitere historische Kirchen, mehrere mittelalterliche Paläste und verschiedene Brücken über den Arno. Ein Großteil der Architektur der Stadt konnte finanzierte werden,weil Pisa einst ein reiche italienische Seerepublik war.

Der Schiefe Turm von Pisa

Der Schiefe Turm von Pisa (Torre pendente di Pisa) ist der Glockenturm der Kathedrale der italienischen Stadt Pisa, der weltweit für seine fast vier Grad Neigung bekannt ist und das Ergebnis eines instabilen Fundaments ist. Der Turm befindet sich hinter der Kathedrale von Pisa und ist nach der Kathedrale und dem Baptisterium von Pisa das drittälteste Bauwerk auf dem Domplatz (Piazza del Duomo).

Der Turm begann sich während des Baus im 12. Jahrhundert aufgrund des weichen Bodens, der das Gewicht des Bauwerks nicht richtig tragen konnte, zu neigen, das verstärkte sich durch den Abschluss des Baus im 14. Jahrhundert. Bis 1990 hatte die Neigung 5,5 Grad erreicht. Die Struktur wurde zwischen 1993 und 2001 durch Sanierungsarbeiten stabilisiert.

Kathedrale von Pisa

Die Kathedrale von Pisa ist eine mittelalterliche römisch-katholische Kathedrale, die der Himmelfahrt der Jungfrau Maria auf der Piazza dei Miracoli in Pisa gewidmet ist. Sie ist ein bemerkenswertes Beispiel romanischer Architektur, insbesondere des als pisanische Romanik bekannten Stils. Sie ist der Sitz des Erzbischofs von Pisa.

Baptisterium von Pisa

Das Johannes-Baptisterium in Pisa (Battistero di San Giovanni) ist ein römisch-katholisches Gebäude in Pisa. Es befindet sich auf der Piazza dei Miracoli in der Nähe des Doms von Pisa und des freistehenden Glockenturms der Kathedrale, des berühmten Schiefen Turms von Pisa. Seine Architektur zwischen Romantik und Gotik anzusiedeln.

Arno

Der Arno ist ein Fluss in der Toskana. Es ist nach dem Tiber der
wichtigste Fluss Mittelitaliens.

Toskana, Lajatico

Toskana, Volterra

5. Rom

Unser Zug fuhr durch wunderschöne Orte in der Nähe des Meeres. Es stoppte auch bei Cecina, ich war schon einmal mit meiner Freundin in dieser kleinen Stadt gewesen. Meine alten interessanten Erfahrungen aus diesem Ort sind auf einmal hochgekommen. Wir hatten eine Unterkunft in Volterra und kamen mit dem Bus an. Wir beschlossen, für kurze Zeit in Cecina zu bleiben. Es ist eine kleine Küstenstadt und wir wollten im Meer schwimmen. In der Toskana, Lajatico, gingen wir zum Teatro del Silenzio und genossen Andrea Bocellis Theaterstück. Es war wirklich wunderbar. Wenn Sie Italien besuchen, lohnt es sich, Lajatico zu besuchen. Es ist ein wunderschöner Ort und sehr ruhig. Cecina ist auch eine angenehm kleine Stadt, aber glutenfreie Pizza ist sehr schwer zu finden, es gibt nur ein Restaurant, in dem man glutenfreie Pizza finden kann. Das Meer ist sehr angenehm, wir haben sogar kleine Quallen auf den Felsen getroffen. Ich hörte mir im Zug wunderschöne Bocelli-Lieder an und meditierte, während ich die Landschaft betrachtete. Die Olivenbäume und Weinberge sehen für mich fantastisch aus. Mein Geist wird erneuert. Von Pisa aus hielt der Zug an folgenden Orten: Livorno Centrale, Cecina,

Follonica, Grosseto, Civitavecchia, Roma Ostiense, Roma Termini. Wir aßen alle köstlichen toskanischen Trauben und die zubereiteten Sandwiches. Als wir in Rom ankamen, gingen wir zur Unterkunft, um unser Zimmer zu besetzen und wollten dann in einem schönen Restaurant zu Mittag essen. Wir haben Rom bereits besucht und wissen, wo die besten Restaurants sind. Unser Hotel war in der Nähe der Vatikanstadt. Ich buche immer in der Gegend. Dieser Bezirk ist sehr gut.

Die Seele muss unter allen Umständen reisen. Ich bin Gott dankbar, dass ich reisen kann und keine Angst habe, das zu tun, was ich will. Im Jahr 2020 ist es wichtig, jemanden bei sich zu haben, der es wagt, zu reisen. In diesem Jahr ist alles viel schöner. Die Natur hat von nun an eine besondere Schönheit. Menschen müssen mit Natur, Bäumen, Pflanzen und Tieren zusammen sein. Wir können nicht genug von der Natur haben, wir brauchen immer mehr. Um unsere Energien zu reinigen und wieder aufzuladen, brauchen wir die 4 Grundelemente: Feuer, Wasser, Luft und Erde. Während eines Strandurlaubs kann man alles finden, die Sonne ist das Feuer, das Meer ist das Wasser, Wind ist Luft, Sand ist Erde. So können wir uns mit dem Kosmos und den darin lebenden Wesen verbinden. Es ist wesentlich für die spirituelle Entwicklung und das Erwachen unseres Geistes. Durch diesen Prozess wird unsere Seele erfrischt, unsere Energiezentren und Chakren werden gereinigt. So wird auch unsere Aura gelöscht. Wir gingen in der Vatikanstadt spazieren und sprachen darüber, wie es war, als wir sie schon einmal besucht hatten. Wir sind vor 2 Jahren mit einer kleinen Gruppe früher Besucher in die Vatikanstadt aufgebrochen. Zu dieser Zeit gab es nur sehr wenige, daher war es viel interessanter. Ich konnte besser auf die Spiritualität achten und wie ich mich angesichts der Bücher fühle, die in der Bibliothek versteckt sind. Hier brauchen Sie ein spezielles Visum, das wir nicht bekommen haben, also konnten wir nicht hineingehen. Es war immer mein Traum, in die Bibliothek der Vatikanstadt zu gelangen. Ich bin sehr interessiert daran, was die 52 Kilometer langen Schlangen verbergen. Wir waren schon einmal im Leonardo-da-Vinci-Museum, es hat uns auch sehr gut gefallen. Ich habe das Kolosseum, den Palatin und das Forum Romanum als 3-in-1-Tour gebucht. Für 16 Euro habe ich auf der getyourtourguide-Website Tickets für die drei Attraktionen bekommen. Rom ist wirklich interessant und nicht teuer, voller Attraktionen, mit alten römischen Stadtteilen.

Historische Städte und Geschichte. Wenn Sie suchen, können Sie auch in Italien leicht erschwingliche Preise finden. Es war erstaunlich, die alten römischen Gebäude und Städte zu sehen. In diesem Fall reise ich immer in die Zeit zurück, in die

Zeit, als sie gebaut wurden und in der sie lebten. Rom hat einen Strand. Am Nachmittag fuhren wir mit der U-Bahn nach Lido, um zu sehen, wie der Strand in Rom ist. Es war sehr aufregend, weil wir vorher nicht dort gewesen waren, aber der kleine Zug ist in Lido Centro in circa 40 Minuten. Die Roma-Lido-Metro fährt vom Bahnhof Roma Porta S. Paolo ab. Wir haben das Ticket verwendet, das wir für die Fahrt mit den anderen U-Bahnen verwendet haben. Es ist auch für diesen Transfer geeignet, sodass kein neues Ticket hinzugefügt werden muss. Das Ticket kostet 1,30 Euro und Sie können anderthalb Stunden ohne Unterbrechung damit reisen. Das ist also der Preis, zu dem wir ans Meer gelangten. Wir suchten einen freien Strand. Es gab nicht viele freie Strände, das Wasser war angenehm mit großen Wellen. Wir haben unseren ersten Sprung ins Meer in diesem Sommer wirklich genossen. Wir schwammen und sonnen uns. Wir meditierten am Ufer und auch im Wasser. Das war nicht direkt am Strand, sondern in den inneren Straßen. Ich aß glutenfreie Gnocchi in Tomatensauce, es war sehr lecker. Mein Sohn aß Pizza zum Mittagessen. Wir gingen vom Lido nach Hause, um Obst zum Frühstück zu kaufen. Bananen, Orangen, Trauben und Äpfel. Es ist sehr wichtig, jeden Tag Gemüse und Obst zu essen. Dies ist für den Körper genauso wichtig wie 2-4 Liter gereinigtes Wasser pro Tag (abhängig vom Körpergewicht). Dann werden wir wirklich gesund sein. Wenn wir uns auch mit Körper, Seele und Geist beschäftigen. Unsere Gesundheit wird nicht durch eine Maske geschützt, sondern durch einen gesunden Lebensstil und eine gesunde Ernährung. Diese Stadt ist sehr international, was ich wirklich mag. Hier können verschiedene Nationen zusammenleben. Touristen sind auch dort, obwohl es weniger internationale, englische, französische, deutsche, ungarische, spanische, amerikanische, afrikanische Reisende gibt, die keine Angst haben. Aber die meisten sind Italiener. Ich gestehe ehrlich, dass ich traurig bin. Dieser Tourismus ist langsamer und das wird sich sicher bemerkbar machen. Leider sind viele Restaurants, Hotels und Geschäfte dauerhaft geschlossen. Morgen fahren wir weiter nach Neapel. Bisher war alles wunderbar.

Rom ist die Hauptstadt und die besondere Stadt Italiens sowie die Hauptstadt der Region Latium. Es ist die drittgrößte Stadt der Europäischen Union. Die Vatikanstadt ist ein unabhängiges Land innerhalb der Stadt Rom.

Kolosseum

Das Kolosseum, auch bekannt als Flavian Amphitheatre oder Colosseo, ist ein ovales Amphitheater im Stadtzentrum von Rom. Es wurde für Gladiatorenwettbewerbe und öffentliche Spektakel wie Scheinseeschlachten verwendet und für Tierjagden, Hinrichtungen, Dramen, die auf der römischen Mythologie basieren. Das Gebäude wurde im frühen Mittelalter nicht mehr zur Unterhaltung genutzt. Es ist eine der beliebtesten Touristenattraktionen Roms.

Forum Romanum

Der lateinische Name ist Forum Romanum, es ist ein rechteckiges Forum, umgeben von den Ruinen mehrerer wichtiger alter Regierungsgebäude im Zentrum der Stadt Rom. Bürger der antiken Stadt bezeichneten diesen Ort, ursprünglich Marktplatz, als Forum Magnum oder Forum.

Überlebende Strukturen: Tabularium, Gemonianische Treppe, Trapejischer Fels, Tempel des Saturn, Tempel von Vespasian und Titus, Bogen von Septimius Severus, Curia Julia, Rostra, Basilika Aemilia, Forum Hauptplatz, Basilika Iulia, Tempel des Ceasar, Regia, Tempel von Castor und Pollux, Tempel der Vesta.

Kaiserliches Komitium: Curia Julia, Rostra Augusti, Umbilicus Urbi, Milliarium Aureum, Lapis Niger, Basilika von Maxentius.

Das Forum war jahrhundertelang das Zentrum des täglichen Lebens in Rom. Die sieben Hügel Roms: Aventin Hügel, Caelius

Hügel, Capitoline Hügel, Esquilin Hügel, Palatin Hügel, Quirinal Hügel, Viminal Hügel.

Aventine Hügel

Er gehört zu Ripa, dem zwölften Rione oder Bezirk von Rom. Ein Teil der Stadt, der sich dort befindet, wird als Ream oder Reme bezeichnet. Alte römische Religion: Tempel für Diana, Ceres, Liber und Libera, Bona Dea.

Palatin:

Einer der sieben Hügel Roms. Ist einer der ältesten Teile der Stadt und wurde als erster Kern des Römischen Reiches bezeichnet. Ein großes Freilichtmuseum. Alte römische Religion: Tempel des Apollo Palatinus, Tempel der Cybele, Lupercalia, weltliche Spiele.

Der kapitolinische Hügel:

Der Hügel war früher als Mons Saturn bekannt und ist dem Gott Saturn gewidmet. Das Wort Kapitol bezeichnete zuerst den Tempel des Jupiter Optimus Maximus, der später hier gebaut wurde, und danach wurde er für den gesamten Hügel verwendet, daher Mons Capitolinus. In einem ätiologischen Mythos verbinden alte Quellen den Namen mit caput und die Geschichte erzählt, dass bei der Grundsteinlegung für den Tempel der Kopf eines Mannes gefunden wurde, einige Quellen sagten sogar, es sei der Kopf eines Tolus oder Olus. Das Kapitol wurde von den Römern als unzerstörbar angesehen und als Symbol der Ewigkeit angesehen.

Bis zum 16. Jahrhundert war das Kapitol das Kapitol Italiens und das Kapitol von Campidoglio geworden. Der kapitolinische Hügel enthält nur wenige antike Ruinen im Erdgeschoss, da sie fast vollständig von den Palazzi des Mittelalters und der Renaissance (heute die kapitolinischen Museen) bedeckt sind, die eine Piazza umgeben, ein bedeutender Stadtplan, der von Michelangelo entworfen wurde.

Gebäude: Kapitolinische Museen und Piazza del Campidoglio, Palazzo Senatorio, Palazzo dei Conservatori, Palazzo Nuovo, Tabularium, Aedes Tensarum

Religion: Santa Maria in Aracoeli
Antike römische Religion Tempel des Jupiter, Tempel des Veiovis, Ludi Capitolini, Aedes Tensarum

Der Tiber

Der Tiber ist der drittlängste Fluss Italiens, der längste Fluss Mittelitaliens. Er entspringt im Apennin in der Emilia Romagna und fließt durch die Toskana, Umbrien und Latium,

Vatikanhügel

Der Vatikan ist auf der anderen Seite des Tibers. Hier befindet sich die St.-Peter-Basilika.

Die Vatikanstadt ist der unabhängige Stadtstaat des Heiligen Stuhls. Er wurde im Februar 1929 unabhängig. Es handelt sich um ein eigenständiges Gebiet unter „vollem Eigentum, ausschließlicher Herrschaft und souveräner Autorität und Gerichtsbarkeit" des Heiligen Stuhls, der selbst eine souveräne Einheit des Völkerrechts ist. Er bewahrt die zeitliche, diplomatische und geistige Unabhängigkeit des Stadtstaates. Regiert wird er vom Papst, der Bischof von Rom und Oberhaupt der katholischen Kirche ist.

Innerhalb der Vatikanstadt befinden sich religiöse und kulturelle Stätten wie der Petersdom, die Sixtinische Kapelle und die Vatikanischen Museen. Sie zeigen einige der berühmtesten Gemälde und Skulpturen der Welt.

St.-Peter-Basilika

Die päpstliche Basilika St. Peter im Vatikan ist eine im Renaissancestil erbaute Kirche in der vatikanischen Stadt. Sie wurde von Donato Bramante, Michelangelo, Carlo Maderno und Gian Lorenzo Bernini entworfen. Sie ist die größte Kirche der Welt. Während es die Mutterkirche der katholischen Kirche ist,ist es die Kathedrale der Diözese Rom.

Sixtinische Kapelle

Sie ist eine Kapelle im Apostolischen Palast, der offiziellen Residenz des Papstes in der Vatikanstadt. Ursprünglich als Cappella Magna (Große Kapelle) bekannt, hat die Kapelle ihren Namen von Papst Sixtus IV., der sie zwischen 1473 und 1481 restaurierte. Seitdem dient die Kapelle als Ort religiöser und funktionaler päpstlicher Aktivität. Heute ist sie der Ort des päpstlichen Konklaves, das den neuen Papst wählt. Der Ruhm der Sixtinischen Kapelle liegt hauptsächlich in den Fresken, die das Innere schmücken, insbesondere in der Decke der Sixtinischen Kapelle und im Jüngsten Gericht von Michelangelo. Während der Regierungszeit von Sixtus IV. schuf ein Team von Renaissance-Malern, zu denen Sandro Botticelli, Pietro Perugino, Pinturicchio, Domenico Ghirlandaio und Cosimo Rosselli gehörten, eine Reihe von Fresken, die das Leben Moses und das Leben Christi darstellen und durch päpstliche Porträts oben und Trompe-l'œil-Vorhänge unten ergänzt werden. Diese Gemälde wurden 1482 fertiggestellt und am 15. August 1483 feierte Sixtus IV. die erste Messe in der Sixtinischen Kapelle zum Fest Mariä Himmelfahrt. Bei dieser Zeremonie wurde die Kapelle der Jungfrau Maria geweiht. Zwischen 1508 und 1512 unter Papst Julius II. bemalten Michelangelo die Decke der Kapelle, ein Projekt, das den Kurs der westlichen Kunst veränderte und als eine der wichtigsten künstlerischen Errungenschaften der menschlichen Zivilisation gilt. Er kehrte zwischen 1535 und 1541 zurück und malte das Jüngste Gericht für die Päpste Clemens VII. und Paul III.

Apostolische Bibliothek des Vatikans
(Biblioteca Apostolica Vaticana)

Sie ist eine der ältesten Bibliotheken der Welt und enthält eine der bedeutendsten Sammlungen historischer Texte. Sie enthält rund 80000 Codices aus der Geschichte sowie 1,1 Millionen gedruckte Bücher, einige davon sind Inkunabeln.

Die Manuskriptabteilung bewahrt, studiert und stellt die Sammlungen der Vatikanischen Bibliothek zur Verfügung. Die Manuskriptabteilung befasst sich mit den Sammlungen literarischen Materials (ca. 80000 Bände), während die Archivabteilung, die Ende der 1970er-Jahre eingerichtet wurde, mit der Aufbewahrung und Pflege der Archivsammlungen (ca. 75000 Bände mit Dokumenten) betraut ist. Die Unterscheidung zwischen den beiden Bereichen ist jedoch nicht immer so klar und einfach, wie es aus den Handbüchern hervorgeht. Infolgedessen gibt es in den nicht archivierten Manuskriptsammlungen eine große Menge an Dokumentationsmaterial. Der außerordentliche Reichtum der vatikanischen Manuskriptsammlungen – lateinisch, griechisch und orientalisch – macht sie zu einer der weltweit herausragenden Bibliotheken in Bezug auf Quantität und Qualität der dort aufbewahrten Manuskripte, die von Papyrus-Codices der Evangelien bis zu anderen neutestamentlichen Schriften reichen, nur wenige Jahrzehnte nach ihrer Entstehung von Vergil und Terence auf spätantike Manuskripte vübertragen; von berühmten Palimpsesten bis zu wertvollen Manuskripten des Hochmittelalters; von den Meisterwerken der byzantinischen Miniatur bis zu denen der italienischen Renaissance; von musikalischen und orientalischen Sammlungen bis zu den Bibliotheken und Archiven der großen Familien, die sie den Kirchenpäpsten und Kardinälen schenkten; von wissenschaftlichen Notizen und Papieren bis hin zu Sammlungen von Briefen und Autogrammen vom 16. bis zum 20. Jahrhundert. Die Vatikanische Bibliothek und ihre Manuskriptsammlungen wurden von den Päpsten mit einem wahrhaft „katholischen" Umfang gegründet und sie haben alles gesammelt, was im Laufe der Jahrhunderte menschlicher kultureller Bemühungen als würdig oder edel erschienen ist. Es ist also keine rein theologische oder kirchliche Bibliothek, sondern eine Anstalt und ein Zufluchtsort für all jene Produkte der menschlichen Kultur, die schön und erhaltenswert sind. Während ihrer gesamten Geschichte ist die Vatikanische Bibliothek diesem christlichen Humanismus immer treu geblieben und der greifbarste Beweis dafür sind die Manuskriptsammlungen. Ebenfalls

Teil der Manuskriptabteilung sind die Abteilung für päpstliche Adressen und die Abteilung für Lesesäle und Stapel. Sie ist die Bibliothek des Papstes, aber sie enthält viel mehr als nur kirchliche Dokumente. Die Bibliothek ist für die Öffentlichkeit geschlossen – ein Ort nur für Wissenschaftler. Der Vatikan erklärte sich jedoch bereit, uns einige der unschätzbaren Artefakte unserer kollektiven Vergangenheit zu zeigen. Codex ist ein Buch, das aus mehreren Blättern Papier, Pergament, Papyrus oder ähnlichen Materialien besteht. Der Begriff ist heute normalerweise der Beschreibung von Manuskriptbüchern mit handschriftlichem Inhalt vorbehalten, beschreibt jedoch das Format, das für gedruckte Bücher in der westlichen Welt mittlerweile nahezu universell ist. Das Buch wird normalerweise gebunden, indem die Seiten gestapelt und ein Satz Kanten in einem Buchbinder nach verschiedenen Methoden im Laufe der Jahrhunderte gesichert werden. Moderne Bücher werden einerseits in Taschenbücher oder Softbacks unterteilt und andererseits in solche, die mit steifen Brettern gebunden sind, die Hardcover.

Aufwändige historische Bindungen werden als Schatzbindungen bezeichnet. Die Hauptalternative zum ausgelagerten Codex-Format für ein langes Dokument ist die fortlaufende Schriftrolle, die in der Antike die dominierende Form des Dokuments war. Einige Codices werden wie eine Ziehharmonika gefaltet, insbesondere die Maya-Codices und die Azteken-Codices, bei denen es sich tatsächlich um lange Blätter aus Papier oder Tierhaut handelt, die zu Seiten gefaltet sind. Sie erfüllen nicht wirklich die meisten Kriterien der „Codex"-Form, außer dass sie flach gefaltet sind, aber durch Konvention werden sie so genannt. Die Verbreitung des Codex ist oft mit dem Aufstieg des Christentums verbunden,. Der Codex, der zuerst vom römischen Dichter Martial im 1. Jahrhundert n. Chr. beschrieben wurde und dessen bequeme Handhabung er lobte, erreichte um 300 n. Chr. eine numerische Parität mit der Schriftrolle und ersetzte sie während des damaligen christianisierten griechischen Landes vollständig. Eine römische Welt im 6. Jahrhundert. Bei Experimenten früherer Jahrhunderte wurden Schriftrollen manchmal horizontal als

Folge von Säulen abgerollt. Die Schriftrollen vom Toten Meer sind ein berühmtes Beispiel für dieses Format. Maya-Codices sind Faltbücher, die von der präkolumbianischen Maya-Zivilisation in Maya-Hieroglyphenschrift auf mesoamerikanischem Rindenpapier geschrieben wurden. Die Faltbücher sind Produkte von professionellen Schriftgelehrten, die unter der Schirmherrschaft von Gottheiten wie dem Tonsured Bread God und den Howler Monkey Gods arbeiten. Die meisten Codices wurden im 16. Jahrhundert von Konquistadoren und katholischen Priestern zerstört. Die Codices wurden nach den Städten benannt, in denen Priestern sich schließlich niederließen. Der Dresdner Codex gilt allgemein als der wichtigste der wenigen überlebenden. Vor der spanischen Eroberung stützten sich die Azteken und ihre Nachbarn im und um das Tal von Mexiko auf Bücher mit Malereien und Aufzeichnungen, um fast alle Aspekte ihres Lebens zu dokumentieren. Die Malereien enthielten Informationen über Geschichte, Wissenschaft, Landbesitz, Tribut und heilige Rituale.Nach ihrer Niederwerfung behielten sie diese Ausdruckform bei, und die Spanier akzeptierten das und stützten sich auf die gemalten Manuskripte als aussagekräftige und potenziell wichtige Aufzeichnungen. Die einheimische Tradition der bildlichen Dokumentation und des Ausdrucks setzte sich im Tal von Mexiko nach der Ankunft der Europäer mehrere Generationen lang stark fort. Die neuesten Beispiele dieser Tradition reichen bis ins frühe 17. Jahrhundert.

Aztekische Codices bieten einige der besten Primärquellen für die aztekische Kultur. Die präkolumbianischen Codices verwenden meistens nicht die Codexform und sind oder waren ursprünglich lange, gefaltete Blätter.

Die Schriftrollen vom Toten Meer (auch Schriftrollen der Qumran-Höhlen) sind alte jüdische, religiöse Manuskripte, die in den Qumran-Höhlen in der Judäischen Wüste in der Nähe von Ein Feshkha am Nordufer des Toten Meeres im Westjordanland gefunden wurden. Der wissenschaftliche Konsens datiert diese Schriftrollen auf die letzten drei Jahrhunderten v. Chr. und auf das erste Jahrhundert nach Christus. Biblische Texte, die älter als die Schriftrollen vom Toten Meer sind, wurden nur in zwei silbernen Amuletten in Form einer Schriftrolle entdeckt, die Teile des Priestersegens aus dem Buch der Zahlen enthalten, die in Jerusalem bei Ketef Hinnom ausgegraben und datiert auf 600 v. Chr. datiert wurden; einige Gelehrte schließen auch die umstrittene Shapira-Schriftrolle ein. Die meisten Texte verwenden Hebräisch, einige sind in aramäischer Sprache, der Sprache des Sohns Gottes, geschrieben, andere in verschiedenen regionalen Dialekten und einige in Griechisch. Entdeckungen aus der Judäischen Wüste fügen lateinische und arabische Texte hinzu. Die meisten Texte sind auf Pergament geschrieben, einige auf Papyrus und einer auf Kupfer.

6. *Neapel*

Wir konnten den nächsten Morgen kaum erwarten, obwohl wir eine tolle Zeit in Rom hatten. Ich liebe Rom. Wir reisen heute Morgen nach Neapel, eine meiner italienischen Lieblingsstädte.

Als wir am Bahnhof ankamen, wurden wir von Sicherheitsleuten angegriffen, weil wir nicht die richtige Maske hatten. Auf der Station machten sie eine große Szene.10 Sicherheitspersonen, die um meinen Sohn herumstanden, wiesen uns gewaltsam an, eine medizinische Maske aus der Apotheke zu holen, obwohl wir sagten, ich würde einen allergischen Anfall von ihr bekommen. Es war ihnen egal. Es war mir auch egal, ich kaufte nicht, was mir gesagt wurde. Das Duell wurde von mehreren Einheimischen gesehen, eine schöne Italienerin kam herüber und wollte uns von eine ihrer eigenen Maske geben. Das wurde nicht von den Securityleuten erlaubt, sondern sie wiesen mich an, in die Apotheke zu gehen und wollten mich nicht zum Zug lassen, zu dem wir sowieso eilen mussten. Wir waren fast zu spät. Ich dankte der Dame für die Maske und nahm sie aus ihrer Hand, und die Security war sehr nervös. Und wir gingen zu unserem Zug, der bald abfuhr. Ich denke, dass die Angst und Aggression, die in Menschen lauert, sehr gefährlich ist, besonders wenn ihnen Macht gegeben wird.

Glücklicherweise sind dank der Meditationen und Gebete, mit denen ich jeden Tag lebe, alle Situationen schnell gelöst. Zum Glück wurden wir nicht verletzt, aber es hätte nicht viel gebraucht,obwohl unsere Gesichter mit einer Maske bedeckt waren, die überall akzeptiert wird.

Trotz dieses Vorfalls hatten wir eine tolle Zeit in Rom. Es ist traurig, dass Kriminalität heutzutage legal ist, eine wehrlose Frau mit ihrem Sohn angegriffen werden kann und nicht einmal um Hilfe bitten kann. Super. Wohin geht diese Welt?

Es ist auch einfacher, ein Problem zu lösen, wenn man spirituell ist, und Hilfe kommt früher aus der spirituellen Welt, wenn man weiß, wie man fragt. Es besteht kein Grund zur Aggression, ich glaube, die Menschen brauchen spirituelles Erwachen.

Wir waren endlich auf dem Weg und konnten die gefährliche Maske abnehmen, die Allergien und andere gesundheitliche Probleme verursacht. Stellen Sie Ihre High Vibration und dann werden Sie nicht krank, das garantiere ich Ihnen. Ich habe eine Energie, mit der weder eine negative Entität noch eine negative Person etwas anfangen kann. Auch Sie können dieses Niveau erreichen, es ist sehr einfach. Sie müssen nur zweimal täglich morgens und abends meditieren und zum Schöpfer beten, zum himmlischen Vater oder wie Sie sagen wollen. Und wenn Sie wahre Informationen erhalten möchten, die nicht nach unten führen, sondern aufbauen, lesen Sie lieber Bücher und schauen sich Videos und Filme an, die geistig konstruktiv und lehrreich sind.

Nur Menschen, die sich klein fühlen, wollen Macht. Leider sind Informationsportale infiziert und irreführend. Nur sehr sensible und erfahrene Menschen werden das bemerken.

Wir fahren durch wunderschöne Landschaften, ich liebe Italien einfach, es ist sehr schön. Weinberge, Olivenbäume und wunderschöne Landschaft. Unser Zug fuhr durch diese Städte und Landschaften: Roma, Latina, Sezze R. Priverno-Fossana, Monte S. Biagio, Fondi, Formia-Gaeta, Sessa-Aurunca Falciano-Mondragone, Villa Literno, Albanova, S. Marcellino, Aversa, Napoli Centrale. Nach Fondi können wir das Meer wieder sehen. Vor uns entfaltet sich eine wunderschöne Landschaft, die in ein Märchen passen würde. Als wir in Neapel ankamen, waren wir etwas müde und fanden schnell unsere Unterkunft. Wir mussten zwei Haltestellen vom Hauptbahnhof Neapel entfernt einen Zug nehmen. Jede aggressive Manifestation gegen mich macht mich noch wacher. Als wir endlich unsere Unterkunft in einer kleinen Straße fanden, riefen wir den Besitzer an, um einzuziehen Ich habe diese kleine Unterkunft am Bahnhof Cavour gefunden und werde ehrlich sagen, es war das schönste Zimmer, das ich je gesehen habe. Sehr angenehm und sauber, mit neuen Möbeln, einem riesigen schönen, neuen Badezimmer. Das Badezimmer hatte die gleiche Größe wie das Zimmer. Wir können die Lichter an der Lampe ändern, auch die Farbe, was sehr entspannend ist. Die Einheimischen sind nett und Neapel ist eine sehr geschäftige Stadt, aber Sie können immer noch eine gute Zeit haben. Ich mag die Einfachheit. Wir machten uns fertig und gingen herum. Wir fanden ein Restaurant in unmittelbarer Nähe der Kathedrale von Neapel und aßen köstliche neapolitanische Pizza. Es gab eine glutenfreie Version für alle Pizzen und Gebäck gleichermaßen. Kirchen, Museen, Restaurants überall. Ich mag Neapel, es ist eine positive Stadt. Eine der Städte, in denen ich leben würde. In der Nähe des Meeres, in der Nähe von Pompeji, an der Amalfiküste, aber Rom ist auch nicht weit entfernt.

Wir kehrten am Abend in die Unterkunft zurück und schalteten den Fernseher ein. Ein Film begann. Wie auch immer, ich schalte den Fernseher nie ein, aber jetzt habe ich es getan. Als Kind habe ich mit meinem Vater viele Male Bud-Spencer-Filme gesehen.

Ich aß einen glutenfreien Kuchen aus dem Laden. Am nächsten Tag frühstückten wir und bereiteten uns auf unsere Reise nach Pompeji vor. Bevor wir Neapel verließen, sahen wir die Burg und den Blick auf das Meer. Wir erreichten den Hafen schnell mit der U-Bahn. Das Panorama ist unglaublich, das Schloss ist auch sehr interessant. In der Gegend findet jetzt eine Ausgrabung statt, eine Altstadt wird dem Boden entrissen.

Neapel ist die größte Stadt Süditaliens, der Verwaltungssitz der Region Kampanien. Das Erzbistum der Erzdiözese Neapel befindet sich in der Stadt. Die Bevölkerung der Stadt beträgt circa 4 Millionen. Damit ist es nach Rom und Mailand die drittgrößte italienische Stadt.

Kunst in Neapel

Neapel ist seit langem ein Zentrum für Kunst und Architektur mit Kirchen, Burgen und Palästen aus dem Mittelalter, dem Barock und der Renaissance. Ein Schlüsselfaktor für die Entwicklung der neapolitanischen Malschule war Caravaggios Ankunft in Neapel im Jahr 1606. Im 18. Jahrhundert erlebte Neapel eine Zeit des Neoklassizismus, nachdem die bemerkenswert intakten römischen Ruinen von Herculaneum und Pompeji entdeckt worden waren.

Die neapolitanische Akademie der bildenden Künste, die 1752 von Karl III. von Bourbon als Real Accademia di Disegno (Königliche Akademie für Gestaltung) gegründet wurde, war im 19. Jahrhundert das Zentrum der künstlerischen Schule von Posillipo. Künstler wie Domenico Morelli, Giacomo Di Chirico, Francesco Saverio Altamura und Gioacchino Toma arbeiteten in Neapel. Die moderne Akademie bietet Kurse in Malerei, Dekoration, Skulptur, Design, Restaurierung und Stadtplanung an.

Neapel ist auch bekannt für seine Theater, die zu den ältesten in Europa gehören – das Opernhaus Teatro di San Carlo stammt aus dem 18. Jahrhundert.

Neapel ist auch die Heimat der künstlerischen Tradition des Capodimonte-Porzellans. 1743 gründete Karl von Bourbon die königliche Fabrik von Capodimonte, von der viele Kunstwerke heute im Museum von Capodimonte ausgestellt sind. Einige der Porzellanfabriken aus der Mitte des 19. Jahrhunderts sind bis heute aktiv.

Küche

Hauptartikel: Neapolitanische Küche, Neapolitanisches Eis, Neapolitanische Pizza und Neapolitanisches Ragù.

Pizza wurde in Neapel erfunden.

Neapel ist international bekannt für seine Küche und seinen Wein. Es gibt kulinarische Einflüsse aus zahlreichen Kulturen. Die Zutaten sind in der Regel geschmacksintensiv und bleiben für die allgemeine Bevölkerung erschwinglich.

Neapel gilt traditionell als Heimat der Pizza. Sie entstand als Mahlzeit der Armen, wurde aber unter Ferdinand IV. in der Oberschicht populär: Bekanntlich wurde die Margherita-Pizza nach ihrem Besuch in der Stadt nach Königin Margherita von Savoyen benannt. Traditionell in einem Holzhofen gebacken. Spaghetti sind auch mit der Stadt verbunden und werden häufig mit der Sauce Ragù gegessen. Ein beliebtes neapolitanisches Folkloresymbol ist die Comicfigur Pulcinella, die einen Teller Spaghetti isst. Andere in Neapel beliebte Gerichte sind Parmigiana di Melanzane, Spaghetti alle Vongole und Casatiello. Als Küstenstadt ist Neapel außerdem für zahlreiche Fischgerichte bekannt, darunter Impepata di Cozze (Pfeffermuscheln), Purpetiello Affogato (in Brühe pochierter Tintenfisch) und Alici Marinate (marinierte Sardellen), Baccalà alla Napoletana (Kabeljau) und Baccalà Fritto (gebratener Kabeljau), ein Gericht, das üblicherweise in der Weihnachtszeit gegessen wird.

Neapel ist bekannt für seine süßen Gerichte, darunter buntes Gelato, das Eis ähnelt, jedoch eher auf Früchten basiert. Beliebte neapolitanische Gebäckgerichte sind Zeppole Babà, Sfogliatelle und Pastiera, wobei letztere speziell für Osterfeiern zubereitet werden. Eine weitere saisonale Süßigkeit ist Struffoli, ein süß schmeckender Honigteig, der zu Weihnachten dekoriert und gegessen wird. Auch neapolitanischer Kaffee ist weithin anerkannt. Die traditionelle neapolitanische Flip-Kaffeekanne, bekannt als Cuccuma oder Cuccumella, war die Grundlage für die Erfindung der Espressomaschine und inspirierte auch die Mokka-Kanne.

Weingüter im Vesuv produzieren Weine wie Lacryma Christi (Tränen Christi) und Terzigno. In Neapel findet sich auch Limoncello, ein beliebter Zitronenlikör. Der hohe Nährwert der neapolitanischen Küche wurde in den 1950er-Jahren vom amerikanischen Epidemiologen Ancel Keys entdeckt und später von Epidemiologen häufig als eines der besten Beispiele für die mediterrane Ernährung genannt.

Festivals

Die kulturelle Bedeutung von Neapel wird durch eine Reihe von Festivals in der Stadt unterstrichen. Es folgt eine Liste mehrerer Festivals, die in Neapel stattfinden (Hinweis: Einige Festivals finden nicht jährlich statt).

Eine Darstellung des Piedigrotta-Festivals von 1813

Festa di Piedigrotta (Piedigrotta-Festival) – eine musikalische Veranstaltung, die normalerweise im September zum Gedenken an die berühmte Madonna von Piedigrotta stattfindet. Im Laufe des Monats finden eine Reihe von Musikworkshops, Konzerten, religiösen Veranstaltungen und Kinderveranstaltungen zur Unterhaltung der Bürger von Neapel und Umgebung statt.

Pizzafest – da Neapel als Heimat der Pizza bekannt ist, veranstaltet die Stadt ein elftägiges Festival, das diesem legendären Gericht gewidmet ist. Dies ist eine Schlüsselveranstaltung für Neapolitaner und Touristen, da an verschiedenen Stationen eine große Auswahl an Pizza im neapolitanischen Stil probiert werden kann. Neben der Pizza-Verkostung werden verschiedene Unterhaltungsshows gezeigt.

Maggio dei Monumenti (Mai der Denkmäler) – eine kulturelle Veranstaltung, die der Geburt von König Karl von Bourbon gewidmet sind. Das Festival bietet Kunst und Musik aus dem 18. Jahrhundert und viele Gebäude, die normalerweise das ganze Jahr über geschlossen sind, sind für Besucher geöffnet. Il Ritorno della festa di San Gennaro (Die Rückkehr des Festes von San Gennaro) – eine jährliche Feier und ein Fest des Glaubens, das an drei Tagen zum Gedenken an den Heiligen Gennaro abgehalten wird.

Napoli Centrale

Napoli Centrale ist der Hauptbahnhof in der Stadt Neapel und in Süditalien und der sechstgrößte Bahnhof in Italien. Er befindet sich neben der Piazza Garibaldi im Osten der Altstadt.

Es ist der zentrale Bahnhof und Bahnhof für Neapel und dient den nationalen Eisenbahnen und Trenitalia. Es verfügt über einen unterirdischen Abschnitt, der als Stazione di Napoli Piazza Garibaldi (Bahnhof Neapel Garibaldi-Platz) bekannt ist und von den Stadtzügen der Linie 2 bedient wird.

Castell dell'Ovo

Castel dell'Ovo (Eierschloss) ist ein Küstenschloss in Neapel auf der ehemaligen Insel Megaride, heute eine Halbinsel, am Golf von Neapel. Der Name des Schlosses stammt aus einer Legende über den römischen Dichter Virgil, der im Mittelalter als großer Zauberer und Prädiktor der Zukunft bekannt war. In der Legende legte Virgil ein magisches Ei in die Fundamente, um die Befestigungen zu unterstützen. Wäre dieses Ei zerbrochen worden, wäre die Burg zerstört worden und eine Reihe katastrophaler Ereignisse für Neapel wären gefolgt. Die Burg befindet sich zwischen den Bezirken San Ferdinando und Chiaia und liegt gegenüber von Mergellina.

Königspalast von Neapel

Der Königspalast von Neapel (Palazzo Reale di Napoli) ist ein Palast, ein Museum und ein historisches Touristenziel in Zentral-Neapel. Er war eine der vier Residenzen in der Nähe von Neapel, die das Haus Bourbon während seiner Herrschaft über das Königreich Neapel (1735–1816) und später über das Königreich der beiden Sizilien (1816–1861) nutzte. Die anderen waren die Paläste von Caserta, Capodimonte mit Blick auf Neapel, und Portici an den Hängen des Vesuvs.

Posillipo

Posillipo ist ein Wohnviertel in Neapel an der Nordküste des Golfs von Neapel. Ab dem 1. Jahrhundert v. Chr. erlebte die Bucht von Neapel den Bau von Villen, die von Elite-Römern an den Punkten der Küste errichtet wurden. Die Überreste einiger davon sowie des Seiano-Tunnels sind heute im Parco Archaeologico del Pausilypon oder im Archäologischen Park Posillipo zu sehen.

Die Villa Donn'Anna ist eine historische Residenz in Neapel. Sie liegt prominent am Wasser am Anfang der Posillipo-Küste, westlich des Mergellina-Bootshafens. Sie wurde ursprünglich La Villa Sirena genannt.

Golf von Neapel

Der Golf von Neapel (Golfo di Napoli), auch Bucht von Neapel genannt, ist ein etwa 15 Kilometer breiter Golf. Er öffnet sich nach Westen ins Mittelmeer. Er grenzt im Norden an die Städte Neapel und Pozzuoli, im Osten an den Vesuv und im Süden an die Halbinsel Sorrent und den Hauptort der Halbinsel Sorrent. Die Halbinsel trennt den Golf von Neapel vom Golf von Salerno, zu dem auch die Amalfiküste gehört.

Die Inseln Capri, Ischia und Procida liegen im Golf von Neapel. Das Gebiet ist ein Touristenziel mit den römischen Ruinen Pompeji und Herculaneum am Fuße des Vesuvs an.

Neben der Insel Ischia und der Golfe von Pozzuoli und Gaeta leben in den Gewässern verschiedene Arten von Walen und Delfinen, darunter Flossen- und Pottwale.

Die Kathedrale von Neapel oder die Kathedrale Mariä Himmelfahrt (Dom von Neapel, Kathedrale von Santa Maria Assunta oder Kathedrale von San Gennaro) ist eine römisch-katholische Kathedrale, die Hauptkirche von Neapel und Sitz des Erzbischofs von Neapel. Es ist weithin bekannt als die Cattedrale di San Gennaro zu Ehren des Heiligen Januarius, des Schutzpatrons der Stadt.

Unterirdische geothermische Zone von Neapel

Unterhalb der Stadt Neapel und der Umgebung verläuft eine unterirdische geothermische Zone und mehrere Tunnel, die im Laufe der Zeit gegraben wurden. Dieses geothermische Gebiet ist im Allgemeinen vom Vesuv unterhalb eines weiten Gebiets einschließlich Pompeji, Herculaneum und vom vulkanischen Gebiet Campi Flegrei unterhalb von Neapel bis hin zu Pozzuoli und dem Küstengebiet Baia vorhanden. Bergbau und verschiedene Infrastrukturprojekte haben in mehreren Jahrtausenden ausgedehnte Höhlen und unterirdische Strukturen gebildet.

Archäologisches Nationalmuseum von Neapel

Das in einem schönen kunstvollen Gebäude aus den 1750er-Jahren errichtete Museum diente früher als Militär- und Kavalleriekaserne und wurde in späteren Jahren in ein Museum umgewandelt.

Das Museum befindet sich nördlich des Hafens, direkt neben dem Gebäude befindet sich eine U-Bahnstation.

Im Inneren finden Sie eine große Auswahl an römischen und griechischen Artefakten sowie eine Auswahl von Werken aus Pompeji und Herculaneum.

Diese Sammlung enthält eine Auswahl von Marmorstatuen mit Szenen aus der antiken Mythologie, Mosaike aus den Ruinen von Pompeji sowie eine Sammlung von Objekten aus dem alten Ägypten wie mumifizierte Überreste und Totenmasken.

Castel Nuovo

Das Castel Nuovo ist ein Hauptmerkmal der Skyline von Neapel und eine der ersten Sehenswürdigkeiten, die Menschen, die mit Kreuzfahrtschiffen anreisen, sehen werden.

Das Schloss befindet sich in unmittelbarer Nähe der berühmten Piazza del Plebiscito und ist leicht zu erreichen. Es ist eine der wichtigsten historischen Stätten in Neapel.

Das 1282 erbaute Schloss verfügt über 5 kreisförmige Zinnen und einen fantastischen Triumphbogen.

Neapel ist eine riesige Stadt an der Westküste Italiens mit Blick auf das Tyrrhenische Meer. Diese kolossale Metropole ist nach Rom und Mailand die drittgrößte Stadt Italiens. Neapel und die umliegende Region sind seit der Jungsteinzeit bewohnt und es gab eine Form kontinuierlicher menschlicher Aktivität von der Antike bis zum Römischen Reich und darüber hinaus. Im Laufe der Geschichte war Neapel Austragungsort heftiger Schlachten, und viele Herrscher unterschiedlicher Reiche haben versucht, hier an die Macht zu gelangen. Der Hafen von Neapel ist einer der wichtigsten im Mittelmeerraum und die Stadt hat eine der größten Volkswirtschaften Italiens. Aufgrund der langen Geschichte dieser Region ist Neapel voller historischer Gebäude, Plätze und Kirchen sowie moderner Annehmlichkeiten und fantastischer Möglichkeiten für das Nachtleben. Der legendäre Vesuv ist ein wahrhaft episches Touristenziel.

7. Pompeji

Wir gingen zum Castel Nuovo in Neapel und zum Hafen (Porto). Von dort aus bewunderten wir das Meer und die riesigen Boote und gingen weiter zum Bahnhof Napoli Garibaldi, von wo aus der kleine Zug nach Pompeji fährt.das Fahrkarte kostet zwischen Napoli Garibaldi und Pompei Scavi 2,60 euro. Tickets können online oder vor Ort gekauft werden. Es ist auch möglich, von Neapel Porta Nolana oder Napoli Garibaldi Station in den Zug nach Sorrent zu steigen. Alles lief gut, wir kamen in circa. 40 Minuten bei Ruinen an. Wir aßen vor der Ruine in einem der Restaurants des Bahnhofs zu Mittag.

Vegetarische Lasagne wurde von meinem Sohn gegessen und von mir einen glutenfreie Pasta Carbonara.

Wir mussten ein bisschen zu unserer Unterkunft laufen, aber wir kamen in 15 Minuten dort an. Wir riefen den Besitzer an und die Dame kam sofort und wir konnten einchecken. Sie war sehr vertrauenswürdig, sie lebte dort mit ihren zwei kleinen Mädchen.

Wir verbrachten 2 Nächte bei einer sehr netten italienischen Familie. Der Tag verlief gut und wir hatten sogar Zeit, die Ruinen zu sehen.

An diesem Nachmittag besuchten wir die Ruinen, am nächsten Tag den Vesuv.

Wir haben die Reservierung für den Vesuv erhalten, sie beinhaltete einen Bus- und einen Ticketpreis. Auf diese Weise zahlten wir für uns beide 57 Euro. Die alte römische Stadt ist atemberaubend, ich liebe sie. Ich war zum zweiten Mal hier und sie beschrte mir immer noch neue Erfahrungen. Zumal die Anlage fast halb geschlossen war. Es macht Spaß, jedes Mal hierherzukommen und 4–5 Stunden hier zu verbringen. Wir haben einen Salat für 5 Euro zum Abendessen gegessen.

Wir wählten Eis zum Nachtisch, Sie könnten mir auch glutenfrei anbieten. Es lohnt sich, Pompeji zu besuchen.

Eine sehr interessante Stadt. Mir wurde hier gesagt, dass, wenn ich einen kleinen Penis kaufe, es mir Glück und viel Geld bringt. Es gab große und kleine, aber ich habe keinen gekauft, vielleicht beim nächsten Mal. Jetzt sind wir müde genug, um uns auszuruhen.

In der Zwischenzeit bat unser Vermieter um eine Liste dessen, was wir zum Frühstück wollten. Es war eine sehr freundliche Geste. Wir waren schon gespannt auf die Vesuv-Tour, wir mussten am nächsten Tag um 10 Uhr am Treffpunkt sein.
Wir haben gut in unserem komfortablen und schönen Zimmer geschlafen, wir waren bereit, zu frühstücken und die Reise zum Vesuv zu beginnen. Das Frühstück kam genau um 9 Uhr an, wie von uns bestellt. Ich bekam köstliche glutenfreie Kekse, Orangensaft, Marmelade, Margarine, Cappuccino und glutenfreien Toast. Mein Sohn erhielt ein normales Frühstück, Donuts, Gebäck, Marmelade, Margarine, Cappuccino, Milch und Orangensaft. Ein frisches, reichhaltiges und sehr leckeres Frühstück. Wir waren auf dem besten Weg zum Vesuv. Wir warteten sehr auf den Bus. Die Tour war sehr interessant, sie erzählten auch die Geschichte von Pompeji und Herculaneum. Ein weiterer Vulkan begrub die beiden Städte, der nicht sichtbar ist, nur der Berg ist aufgrund der Trümmer sichtbar. Das Magma ist weit verbreitet.

Der Vesuv brach zum zweiten Mal aus und ist heute nicht mehr aktiv. Es wird angenommen, dass das, was vor fast 2000 Jahren geschah, nicht wieder vorkommt. Vorträge über den Betrieb von Vulkanen wurden in Englisch, Deutsch und natürlich Italienisch gehalten. Wir haben hier auch ungarische, deutsche und österreichische Touristen getroffen, sonst gab es nur wenige. Es tut mir leid für diejenigen, die vom Tourismus leben, weil sie dieses Jahr großen Schaden erlitten haben. Wir haben die Informationen über den Vulkan und die Geschichte der verschwundenen Städte aus Sicht der Italiener sehr genossen.

Es fühlt sich besonders an, einen Vulkankrater zu besteigen. Wie auch immer, es herrschte Hitze, aber als wir höher und höher in die Wolken gingen, kamen wir dort an. Dort ist es kühler und es gibt weniger Sauerstoff. Ich bin ein Liebhaber des Bergsteigens, jetzt auch der Vulkane. Pompeji und der Vesuv gehören zu meinen Lieblingsorten in Italien.

Natürlich liebe ich ganz Italien, deshalb komme ich immer wieder zurück. Pompeji war eine antike Stadt in Kampanien am

Golf von Neapel, die, wie Herculaneum, Stabiae und Oplontis, während des Ausbruchs des Vesuvs im Jahr 79 n. Chr. begraben wurde, aber weitgehend unter der Vulkanasche erhalten blieb.

In seiner siebenhundertjährigen Geschichte wurde Pompeji von den Oscars, Samnitern, Griechen, Etruskern und Römern bewohnt und geprägt, aber nach der Verschüttung wurde es im Laufe der Zeit vergessen. Mit der Wiederentdeckung im 18. Jahrhundert begann die zweite Geschichte der Stadt, in deren Verlauf Pompeji zu einem zentralen Gegenstand der Archäologie und des Studiums der Antike wurde. Sein Widerstand wurde in den folgenden Jahren durch die eingeschlossenen aufsteigenden Gase und den stetigen Anstieg des Dampfdrucks in der Magmakammer immer mehr verringert. Im Spätsommer oder Herbst 79 überwand der Innendruck den Widerstand des Stopfens, der plötzlich zerbrochen und ausgeworfen wurde.

Unmittelbar danach wurden in kurzer Zeit riesige Mengen Bimsstein gefunden und Asche ausgeworfen. Die Trias-Dolomiten, die ebenfalls vom Herddach ausgestoßen wurden, sind ein Beweis dafür, dass der Schornstein tief im Inneren geleert wurde. Ein Gasstrahl blies dann zerkleinertes Material von den Kaminwänden.

Einige Tage zuvor gab es Anzeichen für den Ausbruch des Vesuvs, weshalb einige Einwohner die Stadt bereits verlassen hatten. Beim Ausbruch wurden große Mengen Asche, Lava und Gase in die Atmosphäre geworfen. Diese Wolke wurde vom Wind über das Land nach Pompeji getragen. Kurz nach Beginn des Ausbruchs begann es Bimsstein zu regnen. Unter dem Bimssteinstaub befanden sich größere Teile, die mit hoher Geschwindigkeit auf die Erde trafen. Dieser Bimsstein brachte unzählige Dächer zum Einsturz, blockierte Türen und hielt die Bewohner der Stadt gefangen.

Während einer kurzen Pause stürzte der Schornstein ein. Der nächste Ausbruch hat ihn gebrannt und der Ausbruch nahm rasch an Gewalt zu. Der Schornstein stürzte wieder ein und wurde wieder geräumt. Das gasreiche Magma der Tiefe stieg im Schornstein auf, wurde durch heftige Explosionen zerstäubt und in zunehmender Folge durch starke Ascheausbrüche gefördert. Der so erreichte Höhepunkt des Ausbruchs wurde vermutlich von heftigen vulkanischen Erschütterungen begleitet. Zur gleichen Zeit verwandelte ein heftiger Eruptionsregen am Westhang des Vulkans große Mengen Asche in Schlammströme. 1592 entdeckte Domenico Fontana beim Bau eines Kanals mehrere Inschriften, Marmortafeln, Münzen und dergleichen, aber niemand war daran interessiert. Mit der Erkundung der Stadt begann eine neue Ära. Die folgenden zwölf Jahre unter seiner Führung sollten prägend sein. Die Ausgrabungstechniken machten in der zweiten Hälfte des 19. Jahrhunderts große Fortschritte. Sie können die Opfer des Vulkanausbruchs als Abgüsse der Hohlräume im abgekühlten Gestein finden.

Vesuv

Der als Stratovulkan eingestufte Vesuv dominiert die Skyline und Landschaft rund um Neapel und ist ein legendärer Vulkan, der 79 nach Christus ausgebrochen ist und die Zerstörung und das Verschütten von Pompeji und Herculaneum verursacht hat. Der Vesuv ist einer der beliebtesten Vulkane in Kontinentaleuropa und steht circa 1281 Meter hoch, mit symmetrischem Mittelkegel und steilen bewaldete Hängen. Der gesamte Vesuv-Nationalpark ist wunderschön und fruchtbar übersät mit kleinen Bauernhöfen und Weingütern, die mit alte Sorten bepflanzt sind und ein einzigartiges Terroir aufweisen. Der Weg, hinauf und hinunter, ist ungefähr 4 Kilometer lang, er erreicht 1170 Meter über dem Meeresspiegel. Es gibt Busse und Shuttles, die den unteren Hang des Vesuvs erklimmen und an der Kasse auf 1050 Metern über dem Meeresspiegel halten. Der Weg beginnt hier und bietet einen Blick auf den Vesuv und auf das Tirone-Reservat, die Bucht von Neapel und die kampanische Ebene. Etwa auf halber Höhe sehen Sie Punta Nasone und auf der gegenüberliegenden

Seite Cognoli di Ottaviano, die über das Valle dell'Inferno ragen. Zum Kraterrand mit atemberaubendem Blick über die gesamte Bucht von Neapel, die Ruinen von Pompeji und den Apennin von Molise und die Abruzzen. Wenn Sie mit dem Auto anreisen, nehmen Sie die Autobahn A 3 Napoli–Salerno bis zur Ausfahrt Torre del Greco oder Herculaneum. Folgen Sie den Schildern zum Vesuv. Mit öffentlichen Verkehrsmitteln können Sie den Bus oder Shuttle von der Haltestelle Circumvesuviana Pompei-Villa dei Misteri oder der Haltestelle Circumvesuviana Ercolano Scavi nehmen.

8. Amalfiküste – von Sorrent nach Positano

Von Pompeji brachte uns der kleine Zug Circum Vesuviana nach Sorrent, wo sich die Amalfiküste befindet, zum Bus Positano. Währenddessen erzählte ich meinem Sohn die Geschichte, wie es war, als mein Freund und ich hier waren. Sorrento ist eine kleine Stadt, von hier aus gibt es Transporte zur Amalfiküste. Von hier aus machten wir uns auch auf den Weg zur wunderschönen Küste.

Sorrento

ist eine Stadt mit Blick auf die Bucht von Neapel. Sorrent ist ein beliebtes Touristenziel und liegt an der Amalfiküste am südöstlichen Ende der Circumvesuviana-Bahnlinie. Neapel und Pompeji sind leicht zu erreichen. Die Stadt ist weithin bekannt für ihre kleinen Keramik-, Spitzen- und Intarsiengeschäfte.

Die Halbinsel Sorrent bietet einen Blick auf Neapel, den Vesuv und die Insel Capri. Der Amalfi Drive, der Sorrent und Amalfi verbindet, ist eine schmale Straße entlang der hohen Klippen über dem Tyrrhenischen Meer.

Fähren und Tragflügelboote verbinden die Stadt mit Neapel, Amalfi, Positano, Capri und Ischia.

Limoncello

In Sorrent wird ein Digestif aus Zitronenschalen, Alkohol, Wasser und Zucker zusammen mit Zitrusfrüchten, Wein, Nüssen und Oliven hergestellt.

Sorrent ist einer der bekanntesten Urlaubsorte Italiens. Auf einem Platz hoch über dem Mittelmeer gelegen, liegt es wie ein Balkon über dem Meer mit Blick von der Insel Procida über den Golf bis nach Neapel und zum Vesuv. Sorrent liegt an einem Ort auf dem Vorgebirge, geschützt von den umliegenden Hügeln.

Ein wundervolle Reise begann, als die Küstenstraße in die Berge führte, dies ist die Festlandstraße von Sorrent nach Positano. Die andere Möglichkeit ist die Kreuzfahrt. Wir planten eine Rückreise von Positano nach Neapel.

Es gibt steile Straßen, zuerst bringt Sie der Bus den Berg hinauf und dann hinunter, als würde ich auf einer Achterbahn sitzen.

Wir bewundern die Aussicht und denken, wie großartig es sein wird, wenn wir im wunderschönen Positano ankommen.

Mit dem Bus dauert die Fahrt 40–50 Minuten. Ich komme zum zweiten Mal zurück. An einem sonnigen, heißen Sommertag erstrahlte das Meer in wunderschönen Lichtern. Boote und Segelboote überquerten das Meer. Möwen flogen über die Küste und Menschen sonnten sich am Ufer.

Alle versuchten, in ihr Hotel zu gelangen, um ihr Gepäck und ihre Koffer abzustellen, dann am Strand spazieren zu gehen und Meer zu schwimmen.

Nach einer 50-minütigen Fahrt, als wir diese atemberaubende Aussicht und Stadt erblickten, vergaßen wir sofort, wie übel es im Bus war.

Ich saugte die Luft ein und füllte meinen Körper mit Energie. So war es einfacher, diese lange Treppe hinaufzusteigen. Wir fanden unsere Unterkunft relativ schwierig, das GPS konnte sich auf die vielen Auf und Abs nicht einstellen.

Als wir nach dem Check-in ankamen, duschten wir, machten uns bereit für den Strand und das Mittagessen. Ich hatte zuvor geplant, nachts in Positano unter dem Sternenhimmel zu meditieren. Die Unterkunft war sehr schön, es gab sogar geheime Treppen, so dass wir den Strand in 15 Minuten erreichten. Wir haben den Bus nicht benutzt, wir haben uns entschieden, zu Fuß zu gehen. Die Treppe runter und rauf macht mich fit, das ist gut mein Leben und für meine Gesundheit.

Ich würde das gerne jedem empfehlen. Besonders denjenigen, die lieber überall fahren.

Ich halte diese Städte der Amalfiküste für interessant: Ravello, Atrani, Scala, Cetara, Furore, Conca dei Marini, Maiori, Minori, Vietri sul Mare, Praiano, Positano, Tramonti, Amalfitana. Positano ist auf einem Berg gebaut und bietet den Besuchern einen schönen Blick auf das Meer. Positive Energien sind hier aufgrund des Meeres, des Berges, der Bäume und der Hitze sehr stark.

Wir gingen am Strand entlang und suchten ein Restaurant. Wir fanden einen schönen Terassenplatz und baten um einen Tisch. Sie fragten in Restaurants nach persönlichen Informationen bezüglich des Virus. Ich habe nicht wirklich verstanden, was das Virus mit meinem Personalausweis zu tun hat, und warum sie meine persönliche Daten meines Kontakts brauchen (Familienmitglied oder Freunde), deshalb habe ich den Kellner um Infromationen gebeten. Sie antworteten, wenn jemand aus dem Restaurant krank wird, Sie werden uns anrufen, also wir müssen alle Infromationen übergeben. Diese sachen verletzen alle Ihre persönlichen Rechte. Mit dieser Welt stimmt etwas nicht, dachte ich mir, weil die meisten Leute damit einverstanden sind. Dazu sagte ich, Sie sollen mich nicht belästigen. Wir halten es völlig unetisch und bedeutunglos. Wir verstehen das nicht und stimmen dem nicht zu. Wir aßen in einem anderen Restaurant und gingen dann zum Strand.

Der Strand war geschlossen und nur 4000 Einheimische konnten ihn betreten, alle fragten nach einem Ausweis.

Das Wasser war sehr gut, es war eine Freude, die Negativität der Welt, die jetzt auf der ganzen Welt ist, wegzuwaschen. Rücksichtslosigkeit. Diese Notwendigkeit, Menschen zu verändern. Es führt nicht zu guter intellektueller Ignoranz. Wichtig ist positives Denken, ich bete immer für Menschen, die verloren sind. Ich sehe auch, dass normale Italiener die Situation durchschauen, was mich glücklich macht. Wir haben Wunderbares gegessen: Pasta, Pizza und Salat in Positano. Wir haben zweieinhalb wundervolle Tage hier verbracht und ich werde wiederkommen.

Einer der besten und schönsten Orte der Welt, Amalfiküste und Positano. Hier können Sie loslassen und alles vergessen, was Sie in Ihrem Leben nicht brauchen oder nicht mehr brauchen.

Die Stadt bei Sonnenuntergang ist einfach atemberaubend, der Sternenhimmel bei Nacht ein Muss. Sie können ihn von den Terrassen am Hang oder vom Hügel aus beobachten.

Sie haben versucht, unsere Stimmung auf jede erdenkliche Weise zu verschlechtern, aber wir sind stärker als das. 1 Stunde Meditation zweimal täglich bringt das gewünschte Ergebnis.

Wenn ich meine alten Erinnerungen an diesen Ort mit den jetzigen vergleiche, hat sich leider viel in die falsche Richtung verändert. Trotz dieser kritischen diktatorischen Behandlung fühlte ich mich in Positano sehr gut. Die Schwingung der Menschen ist sehr wichtig für die Schwingung des Planeten. Das heißt, wenn die menschlichen Schwingungen aufgrund von Angst und Aggression abnehmen, rutschen auch die Schwingungen der Erde ab. Jeder Rückfall hindert Sie daran, die 5. Dimension und die höhere kosmische Einheit zu betreten. Es ist gut, diese zu kennen.

Am zweiten Tag bemerkten wir, dass Touristen über Feuer im gegenüberliegenden Wald sprachen. Der Waldbrand breitete sich um 18 Uhr aus und wir machten uns Sorgen. Wir signalisierten in der Unterkunft, dass es im Wald gegenüber ein Feuer gab. Er intensivierte sich während Nacht und das ganze Gebiet brannte. Der Wald war vollständig verbrannt. Bei der Ankunft arbeitete der Hubschrauber jedoch bis 14 Uhr bescheiden. Leider entzündete sich nach 2–3 Stunden ein etwas weiter entferntes Gebiet wieder.

Nach 2 Tagen in Positano und auf halbem Weg zurück nach Neapel wollten wir mit dem Boot fahren.

Wir warteten auf unser Schiff, der Wind begann auf See, riesige Wellen bildeten sich.

Es war seltsam, dass keine Schiffe kamen und nicht in dem kleinen Hafen anlegen konnten. Wir haben unsere leckerste Pizza gegessen, die wir je gegessen haben. Als wir im Büro zum Hafen zurückkehrten, wurde uns unser Geld zurückgegeben, weil sie heute keine Boote erlaubten. Ich habe mich ehrlich darüber gefreut, weil ich diese Reise auch wegen der Wellen absagen wollte. Wir hatten vor einigen Jahren eine schreckliche Erfahrung in Griechenland, als ich in einem Sturm segeln musste und all diese Erinnerungen kamen zurück. Ich wollte nicht wieder laufen. Wir mussten alle Stufen vom Hafen zur Bushaltestelle hinaufsteigen. Als wir aufstanden, wurden wir völlig nass. Ich habe die 2,50-Euro-Tickets gekauft, aber wir passten nicht in den Bus.

Die Taxis haben ihre Dienste für 20 Euro angeboten. Jetzt war es gegen 18 Uhr, wir mussten den Bus Neapel–Venedig erreichen.

In Sorrent haben wir ein Taxi bekommen, von dort sind wir mit dem Circum Vesuvius nach Neapel gefahren. Am Abend kamen wir an, nach einer langen Reise hatten wir ein köstliches Abendessen verdient, dachten wir. In Neapel erhalten Sie Aperol Spritz zu einem erschwinglichen Preis im Vergleich zu anderen Städten.

Bis Venedig war alles in Ordnung, keine Probleme. Venedig und die Insel der Ruhe.

Positano ist ein Dorf und eine Gemeinde an der Amalfiküste (Provinz Salerno) in Kampanien, es liegt hauptsächlich in einer Enklave in den Hügeln, die zur Küste hinunterführen. Typisch sind die vielen Treppen, die von der Spitze des Dorfes die oberen Bezirke mit dem Talbereich verbinden. Die Hauptstände sind Spiaggia Grande, Fornillo, La Porta, Fiumicello, Arienzo, San Pietro, Laurito und Remmese, von denen einige auch auf dem Seeweg erreichbar sind.

Nocelle, Ende der Straße,

Dies ist der Name, den mein Freund diesem Ort gegeben hat. Dies ist die Endstation des Kleinbusses und es gibt nur einen Fußgängerweg nach oben. Deshalb wurde es zum „Ende der Straße". Von dort machten wir uns zu Fuß auf den Weg zur Unterkunft. Als ich 2017 mit meiner Freundin diese wunderschöne Küste besuchte, war ich zum ersten Mal in Italien und hier buchten wir ein sehr angenehmes, ruhiges Haus mit 2 großen Zimmern. mit Wohnzimmer, mit Terrasse, mit Küche und schönem Bad. Wir blieben 3 Nächte. Das Frühstück war im Preis inbegriffen, wir bekamen vom Besitzer hausgemachte Knödel und guten italienischen Wein. Es gab eine Aussicht, die uns den Atem stocken ließ. Atemberaubende Kleinstadt Nocelle. Es gibt Ausblicke auf Positano, das Meer, die Berge und Boote und das Ganze.

Nocelle ist ein verschlafener alter Weiler in der Nähe von Positano, wo Sie einen ruhigen Aufenthalt fernab von Verkehr und Lärm genießen können. Es liegt 400 Meter über dem Meeresspiegel und bietet eine schöne Aussicht inmitten der terrassierten Hügel. Eine schöne (aber steile!) Treppe mit 1700 Stufen führt nach Positano und führt Sie durch atemberaubende Panoramen, die Sie dazu bringen werden, anzuhalten und auf dem Weg zu staunen!

Der Weiler Nocelle

Direkt unterhalb des Gipfels von Montepertuso befindet sich der winzige Weiler Nocelle, ein Teil von Positano, der bis vor kurzem nur über einen Pfad erreicht werden konnte, der sich um den Berg schlängelt, oder über eine Treppe von 1500 Stufen ab dem Strand von Arienzo. Nocelle befindet sich am Ende des Sentiero degli Dei, dem Bergweg, der von Agerola aus den Monti Lattari durchquert.

Eine der schönsten Aussichten auf die Amalfiküste, die sich bis zur Insel Capri und den Faraglioni-Felsen erstreckt, kann vom Hauptplatz des Weilers aus gesehen werden. Positano, Nocelle ist ein großartiger Ort, um sich zu entspannen und den Menschenmassen zu entfliehen. Es gibt einen regelmäßig verkehrenden Bus zwischen Positano und Nocelle.

Limoncello

Der Limoncello ist italienischer Herkunft und ein Zitronenlikör, den viele Spirituosenhersteller weltweit zubereiten. Außerhalb Italiens wird er immer beliebter. Es gibt verschiedene Sorten und verschiedene Arten von südlichen Früchten werden verwendet, um ähnliche Liköre herzustellen. Bekanntere ähnliche Getränke sind Limoncino, Limonello, Limonetta, die Crememilch „Crema di Limoncello", Mandarinetto aus Mandarine, Zenzerino aus Ingwer, Raspicello aus Himbeeren und Pescacello aus Pfirsichen. Aufgrund seiner Herkunft ist Limoncello in erster Linie mit Süditalien verbunden, aber es ist ein beliebtes Getränk im ganzen Land und hausgemacht. Limoncello-Regionen sind rund um die Likörfabriken des Golfs von Neapel und seiner Umgebung, die Amalfiküste, die Inseln Sizilien, Sardinien, Ischia, Capri und die Halbinsel Sorrent.

In diesen Gebieten werden auch Zitronenmarmelade, Zitronenhonig und Orangenmarmelade hergestellt.

Fornillo Spaggia

Der Strand liegt zwischen dem Meer und den Klippen, beginnend am Hafen von Positano.

Strände von Positano, seine schönen, sauberen und prominenten Strände, sind atemberaubend schöne Seestücke.

9. Venedig

Wir kamen für die letzten zwei Tage unseres Urlaubs an. Wir wollten diese in Venedig verbringen, wir haben es geschafft, hier eine Unterkunft zu vernünftigen Preisen zu buchen. Ich habe gefrühstückt, die Läden hier sind nicht teuer. Es war nicht mehr so heiß wie vor zwei Wochen, als wir uns von hier aus auf den Weg zu unserem großen Abenteuer machten.

Wir fassten zusammen, wo wir uns gut und am besten fühlten und insgesamt war alles sehr gut gewesen, bis auf die unüberlegten Maßnahmen. Das Schönste war, dass wir durch Italien gereist sind. Ich trank am frühen Morgen einen Cappuccino und währenddessen frühstückte mein Sohn Croissant mit Marmelade. Unsere Unterkunft befindet sich in einer angenehmen und sehr ruhigen Gegend.

Heute sind wir um die Kirche und den Hafen in der Stadt gelaufen. Heute regnet es, morgen scheint die Sonne wieder.

Wir hatten ein Smoothie-Abendessen und ein Sandwich mit Obst. Wir haben auch guten Wein zu einem guten Preis bekommen. Ich habe auch glutenfreie Pizza, Fima-Salat, Garnelen und neapolitanische Pizza gegessen.

Wir gingen lieber spazieren, ausruhen konnten wir uns auf der nächsten Busfahrt nach Hause. Ich fasse meine Gedanken zusammen.

Wenn ich meine Gedanken zusammenfasse, verstehe ich bereits, warum etwas so ist wie es ist, und habe auch eine besseres Verständnis für die Wahrheiten. Dies kann wahrscheinlich nicht über eine Person gesagt werden, die nicht nach Dingen sucht.

Ich habe sowohl auf körperlicher als auch auf geistiger Ebene mit Menschen gesprochen. Beim zweiten Punkt sind die Menschen offener. Aber es ist okay, wir lernen hier. Dann öffnen sich früher oder später alle Augen.

Während unserer Reise war immer alles in Ordnung, niemand war krank um uns herum.

Wir haben keine Symptome gezeigt, nicht die geringsten.

Italien bietet immer etwas Schönes an. Ich reise gerne dorthin. Ich liebe die wundervolle Landschaft, das Essen, die Weine und die erhlichen Menschen. Ich hoffe, Sie haben Lust auf eine Reise nach Italien bekommen.

Vielen Dank und viel Segen für diejenigen, die meine Bücher lesen.

Vielen Dank!

Viel Liebe an alle, Gott segne Sie alle!

Die Autorin

Sofia Simon wurde 1981 in der ungarischen Hauptstadt Budapest geboren.
Sie absolvierte eine Gesundheitsschule und ist derzeit Freiberuflerin. Sie studiert spirituelle Dinge, schreibt und malt.

novum ◆ VERLAG FÜR NEUAUTOREN

Der Verlag

**Wer aufhört
besser zu werden,
hat aufgehört
gut zu sein!**

Basierend auf diesem Motto ist es dem novum Verlag
ein Anliegen neue Manuskripte aufzuspüren, zu ver-
öffentlichen und deren Autoren langfristig zu fördern.
Mittlerweile gilt der 1997 gegründete und mehrfach
prämierte Verlag als Spezialist für Neuautoren in
Deutschland, Österreich und der Schweiz.

**Für jedes neue Manuskript wird innerhalb
weniger Wochen eine kostenfreie, unverbind-
liche Lektorats-Prüfung erstellt.**

Weitere Informationen zum Verlag und
seinen Büchern finden Sie im Internet unter:

www.novumverlag.com